SÉRIE SUCESSO PROFISSIONAL

COMO APRIMORAR AS VENDAS

ROBERT HELLER

PUBLIFOLHA

UM LIVRO DORLING KINDERSLEY
www.dk.com

PUBLIFOLHA
Divisão de Publicações do Grupo Folha

Av. Dr. Vieira de Carvalho, 40, 11º andar, CEP 01210-010, São Paulo, SP. Tel.: (11) 3351-6341/6342/6343/6344.
Site: www.publifolha.com.br

Os leitores interessados em fazer sugestões podem escrever para Publifolha no endereço acima, enviar um fax para (11) 3351-6330 ou um e-mail para publifolha@publifolha.com.br

Coordenação de Projeto
Publifolha
Assistência Editorial: Cláudia Ribeiro Mesquita
Coordenação de Produção Gráfica: Marcio Soares

Produção Editorial
AF Comunicações
Edição Final: Fernando Moreira Leal e Adriana Salles Gomes
Edição de Texto: Silvio Fudissaku
Tradução: Alexandre Sanches Camacho
Revisão: Carla C.C.S. de Mello Moreira

Produção Gráfica
Adesign
Direção de Arte: Carin Ades
Coordenação: Luciana Rodrigues
Assistente: Silvana Braz

Dorling Kindersley
Editora: Jaine Cooke
Designer: Juliette Norsworthy
Diretor de Criação: Arthur Brown
Designer de DTP: Jason Little
Produção: Silvia La Greca
Editora da Série: Adèle Hayward
Editora de Arte da Série: Tassy King
Gerentes Editoriais: Stephanie Jackson, Jonathan Metcalf
Gerente de Edição de Arte: Nigel Duffield

Fotolitos fornecidos pela Publifolha
Impresso na Donnelley Cochrane – Brasil

Sumário

A Venda Bem-Sucedida

As Equipes de Venda

INTRODUÇÃO

Eficácia e qualidade são pontos vitais para uma venda bem-sucedida. Tanto para o vendedor em contato direto com o cliente como para o gerente de vendas, a obtenção do melhor resultado não depende apenas de habilidades profissionais específicas ou da qualidade do produto, mas também do bom conhecimento do cliente e de ferramentas adequadas de comunicação. Como Aprimorar as Vendas *cobre todo esse processo. Dividido em quatro partes* –A Preparação para Vender, A Relação com os Clientes, A Venda Bem-Sucedida *e* As Equipes de Venda –, *o livro traz conceitos básicos de negociação e ensina técnicas de abordagem ao cliente, de modo a entender suas necessidades. Ao longo do texto, 101 lembretes destacam os segredos do bom vendedor. No final, um teste exclusivo vai ajudá-lo a avaliar e melhorar suas habilidades.*

A Preparação para Vender

A venda é a base para um negócio de sucesso. Ao preparar essa operação, portanto, siga princípios e práticas de longo prazo, de modo a desenvolver constantemente suas habilidades pessoais.

A Busca do Sucesso

Uma venda só é bem-sucedida quando todos saem ganhando. Bons vendedores sempre apresentam boas propostas para seus clientes. Vendedores ruins fazem o oposto. De sua parte, clientes satisfeitos com o negócio realizado tendem a se tornar fiéis.

Venda Bem-sucedida

Para um bom profissional, não basta fechar a venda. A realização profissional está em:

- Atender o cliente;
- Obter benefícios para a empresa.

O nível de satisfação, contudo, sempre depende da proposta oferecida e das contrapropostas recebidas. A atuação do vendedor tende a ser julgada somente pelo volume de vendas, o que pode induzir a erros de avaliação. Quando o vendedor dá descontos ou prazos de pagamento que tornam a transação pouco lucrativa, por exemplo, a análise quantitativa se mostra inútil.

O gerente de vendas percebe os benefícios a longo prazo da venda

CLIENTE-PARCEIRO

A venda com maior chance de sucesso duradouro é aquela que constitui uma parceria. Muitas empresas realizam a maioria de seus negócios com apenas um ou dois fornecedores, criando assim uma relação de grande proximidade. Todos os benefícios resultantes desse relacionamento são divididos entre as duas partes. Para chegar a esse tipo de relação, cada parceiro deve investir tempo e esforço para encontrar soluções para as necessidades do outro. Esteja pronto a dividir o planejamento e a colaborar em pesquisas e desenvolvimento. Parcerias funcionam bem quando há equivalência entre as partes: em casos em que há dominância de algum dos parceiros, tente encontrar meios de equilibrar a relação.

1 Descubra o quanto antes as necessidades do cliente.

O vendedor propõe um negócio que traz benefícios apenas para sua empresa

O cliente percebe que tem pouco a ganhar caso feche o negócio

A relação entre cliente e vendedor termina

▲ **VENDA FRACASSADA**
Um vendedor que segue a política de tirar o máximo do cliente não conquista os benefícios de uma relação de longo prazo.

A vendedora busca benefícios para ambas as partes

O cliente recebe os produtos e serviços que deseja

◀ **VENDA VITORIOSA**
Numa venda ideal, o cliente sai satisfeito com o empenho do vendedor, que é apoiado pelo gerente. A relação continua.

Como Conquistar a Autoconfiança

Muitas vezes, a transação de venda assemelha-se a um confronto. Isso explica por que alguns profissionais do ramo revelam alto nível de estresse e ansiedade. O segredo é tentar transformar o medo do fracasso em expectativa de sucesso.

2 Sempre aborde um potencial cliente com a expectativa de fazer a venda.

◄ **ORGANIZE O DISCURSO**
Ao falar, seja claro e sucinto –mas nunca apressado.

Apresentação Clara

A tendência natural de uma pessoa ansiosa é acelerar o discurso no ato da venda. Caso este seja o seu problema, tente encarar a venda de maneira positiva, falando pausada e claramente, dosando as ênfases e evitando rodeios. Procure sinais de que seu discurso está fazendo efeito: observe a linguagem corporal do cliente e faça-lhe perguntas sobre o assunto. Esteja pronto para ir mais devagar e não se aflija com o silêncio.

Avalie sua Autoconfiança

Responda "Verdadeiro" ou "Falso".

- Tenho controle sobre minha mente.
- Controlo meus sentimentos.
- Sou capaz de me automotivar.
- Não preciso da aprovação alheia.
- Sigo princípios próprios de conduta.
- Não reclamo se as coisas saem erradas.
- Tenho boa auto-estima.
- Não dependo dos outros.
- Não culpo ninguém e não busco erros.
- Não estou preocupado com o futuro.
- Não adio compromissos.
- Não fico nervoso.
- Aprendo lições a partir de meus erros.
- Trato os outros do modo como gostaria que me tratassem.

O vendedor ideal responderia "verdadeiro" a todas as frases. Caso não seja o seu caso, trabalhe os pontos fracos e construa uma boa base para sua autoconfiança.

COMO PASSAR UMA BOA IMPRESSÃO

A aparência e o comportamento têm relação direta com a autoconfiança do vendedor –e também passam uma imagem de credibilidade ao cliente. Vista-se com cuidado. Um terno bem passado ou mesmo um bom corte de cabelo ajudam a transmitir a mensagem ao cliente. Atitude positiva, olhar direto, aperto de mão firme e, sobretudo, bons modos sempre dão resultado. Mas não confie nos atributos pessoais para compensar um eventual despreparo ou falta de conhecimento. O esforço para reparar essas lacunas cria insegurança, o que mina todos os esforços anteriores.

NOTE OS DETALHES ▶
Esteja sempre bem arrumado e tente transmitir uma impressão positiva.

3 Peça opiniões dos outros sobre sua apresentação e aparência geral.

LIDANDO COM A REJEIÇÃO

Os clientes potenciais podem não gostar de você, de seu produto ou da maneira como a venda é feita. O risco da rejeição de um cliente faz parte do jogo. A primeira lição para a construção da sua autoconfiança é que pensamentos negativos são improdutivos e infundados. Entenda que sua auto-avaliação vale mais do que a avaliação dos outros. Nunca faça julgamentos negativos em relação a outra pessoa. Lembre-se de que ela, assim como você, tem o direito de recusar uma oferta. Não encare isso como uma falha sua, mas sim como uma oportunidade perdida pelo cliente.

4 Confie em si mesmo e os outros também vão acreditar em você.

5 Grave suas apresentações e corrija os erros.

Como Crescer Profissionalmente

Os melhores vendedores são mestres em autocrítica. Incansáveis, atualizam-se por meio de livros, fitas, CD-ROMs e cursos. Essas pessoas sabem que o cuidado com o desenvolvimento profissional é a base para uma carreira de sucesso.

6 Livros e cursos ajudam a atingir metas específicas e mensuráveis.

▲ SEMPRE EM FRENTE
O sucesso é fruto do saber adquirido pela leitura e pelo estudo. Procure saber tanto quanto seu cliente, ou mais, a fim de estabelecer uma negociação equilibrada.

Amplie seus Horizontes

Um profissional competente precisa de um conhecimento amplo e atualizado dos princípios e práticas de sua área específica. A grande variedade de livros, cursos em CD-ROM e vídeos com dicas e técnicas de venda cobrem todas as atividades relacionadas à área. Esses materiais são tão importantes quanto o conhecimento do produto a ser vendido ou da empresa em que se trabalha. Livros de administração e gerenciamento fornecem informações de base, incluindo às vezes histórias de vendedores e empresas de sucesso. Além de dados factuais, a leitura oferece uma fonte de inspiração.

7 Revise seus conhecimentos regularmente, e continue praticando o que aprendeu.

Aprenda com um Mestre

Estas dez dicas são do livro *Golden Rules of Customer Care*, escrito por Carl Sewell, líder norte-americano em vendas de automóveis:

- Pergunte ao cliente o que ele quer, e ofereça isso a ele.
- Tenha sistemas que garantam a eficiência de seu trabalho.
- Prometa pouco; ofereça muito.
- Tenha sempre um "sim" para o cliente.
- Dê a todo empregado que negocia com os clientes a autoridade para também lidar com reclamações.
- Desconfie da ausência de reclamações.
- Seja precavido.
- Pague a todos como se fossem parceiros.
- Demonstre respeito com as pessoas.
- Aprenda as melhores práticas, imite-as e melhore-as.

Aprimore Habilidades

O ser humano pode melhorar seu desempenho em todas as atividades por meio do treinamento. Os profissionais de vendas não são uma exceção –é perfeitamente possível aprimorar habilidades pessoais básicas (veja abaixo). Conheça o máximo de cada habilidade e depois trabalhe sobre uma de cada vez. Faça um plano de desenvolvimento pessoal, incluindo organização do tempo, lista de leituras, horários de curso e, quando necessário, metas para atingir o nível desejado. Quando atingir esses objetivos, estabeleça outros.

8 Teste suas técnicas de venda consigo mesmo.

9 Comente com outros o que aprendeu. Isso ajuda a fixar.

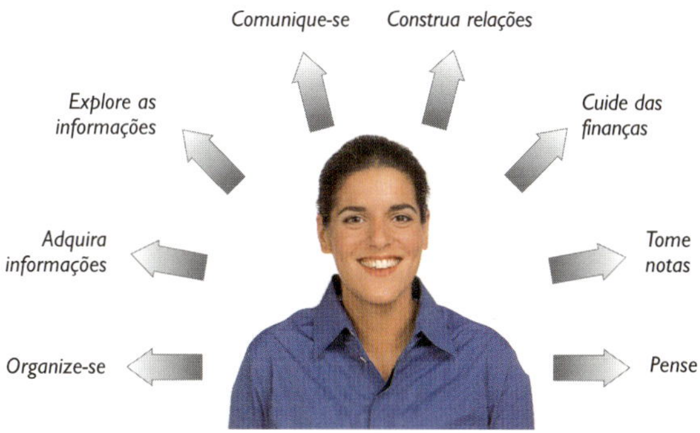

◀ **APRENDA SOZINHO**
Amplie suas chances de sucesso aprendendo a empregar seu tempo de maneira mais eficaz (por exemplo, com um curso de leitura dinâmica). Leia sobre técnicas de gerência e aprenda a lidar com conflitos, a melhorar a memória e a usar a criatividade.

COMO SE ORGANIZAR

A venda deve estar ligada a propostas de negócios claras e organizadas, a fim de que os objetivos sejam plenamente atingidos. Organizando os documentos, o sistema, e é claro, o tempo, você poderá cumprir suas metas com mais facilidade e eficiência.

10 Evite o retrabalho: organize os papéis de modo a otimizar o tempo.

DIMINUA A PAPELADA

Um departamento de vendas tende a produzir uma enorme papelada. Procure evitar que isso aconteça. Primeiro, porque vendedores não gostam de trabalhar com papéis. Segundo, porque grande parte dos documentos é desnecessária. Verificar relatórios, por exemplo, pode tomar até 10% do tempo de um vendedor –sem nenhuma contribuição efetiva no sentido de aumentar as vendas. Procure diminuir o número de formulários em circulação na sua empresa, ou simplifique-os ao máximo. Uma boa idéia é acabar com todos eles e reintroduzir apenas os que de fato fazem falta. Lembre-se de que o planejamento da venda pode ser mais importante do que as despesas após a transação.

▲ **USE A EQUIPE DE APOIO**
Tarefas como preencher formulários devem ser passadas para a equipe de apoio, a fim de liberar seu tempo para atividades mais produtivas.

11 Libere um período do dia para concluir trabalhos pendentes.

MELHORE OS SISTEMAS

Sempre que possível, utilize o computador para fazer relatórios com mais rapidez, eliminar papelada inútil e facilitar a transferência de dados. Independentemente da ajuda da informática, elabore formulários com perguntas cujas respostas você gostaria de saber: dados e informações precisos vão ajudá-lo a aprimorar seu desempenho e a otimizar resultados.

TEMPO OTIMIZADO

Basta um pouco de disciplina para melhorar o uso do tempo. Relacione suas atividades e verifique quanto tempo é gasto em cada uma delas ao longo de duas ou três semanas. Você ficará surpreso com a quantidade de tarefas supérfluas e o tempo que elas exigem. Então, faça três listas: uma, com as atividades que somente você pode fazer; outra, com aquelas que podem ser delegadas; e a terceira com tarefas que não precisam ser feitas. Novas atividades devem ser incluídas à medida que surgem. Terminada a análise, reorganize sua agenda enfocando as atividades mais importantes. Seu tempo é uma preciosa ferramenta. Empregue-o com cuidado.

Período	Atividade
9:00 – 9:30	*Verifiquei cartas, fax e e-mails*
9:30 – 10:00	*Respondi a todos e-mails, incluindo três pessoais*
10:00 – 10:30	*Apresentei um novo funcionário para o resto da equipe*
10:30 – 11:00	*Falei com João sobre o novo equipamento de computador*
11:00 – 11:30	*Falei com Recursos Humanos sobre a licença-maternidade de Júlia*
11:30 – 12:00	*Fiz ligações de rotina para cinco de nossos maiores clientes*
12:00 – 12:30	*Reunião semanal de vendas – inclusa no horário de almoço*
12:30 – 13:00	*Continuação da reunião de vendas*
13:00 – 13:30	

▲ **ANOTE SUAS ATIVIDADES**
Elabore uma tabela com atividades a cada hora ou a cada meia hora. Marque o tempo gasto em cada uma. Use a tabela para detectar desperdícios de tempo.

12 Planeje seu dia, seu mês e seu ano: o tempo vale ouro.

DIFERENÇAS CULTURAIS

A preocupação com horários varia de país para país. Alemães odeiam interrupções ou mudanças de agenda. Franceses trabalham muitas horas, mas fazem longos intervalos. Ingleses costumam esticar a jornada, enquanto norte-americanos seguem os horários com rigidez.

COMO FIXAR METAS

Para um supervendedor, a jornada diária de trabalho ideal incluiria quatro visitas a clientes, quatro cartas e quatro telefonemas. Na prática, repetida todos os dias, essa rotina deixaria qualquer pessoa entediada. Estabeleça metas para cada dia, cada semana, mês e ano. A revisão constante desses objetivos fará com que sua mente organize e proporcione tempo suficiente para cada tarefa. Se você não consegue cumprir seus objetivos, reavalie seus horários. É provável que algumas atividades não-essenciais estejam tomando uma parte do tempo útil.

CONFIE NA TECNOLOGIA

A venda e o marketing passaram para uma nova dimensão com o avanço da tecnologia. Laptops e telefones celulares, além de outros equipamentos, tornaram-se ferramentas indispensáveis para o vendedor.

13 Use o telefone, o fax ou o e-mail para evitar visitas desnecessárias.

GANHO DE MOBILIDADE

Os avanços na telecomunicação criaram a figura do vendedor sem localização fixa. Uma vantagem imediata, além da diminuição das despesas de venda, é a independência do vendedor em relação a seu escritório. Relatórios periódicos podem ser passados via e-mail, aumentando assim o tempo disponível para visitas ao cliente. Reuniões individuais e conferências –com ou sem vídeo –continuam essenciais, mas agora podem ser realizadas com menor frequência.

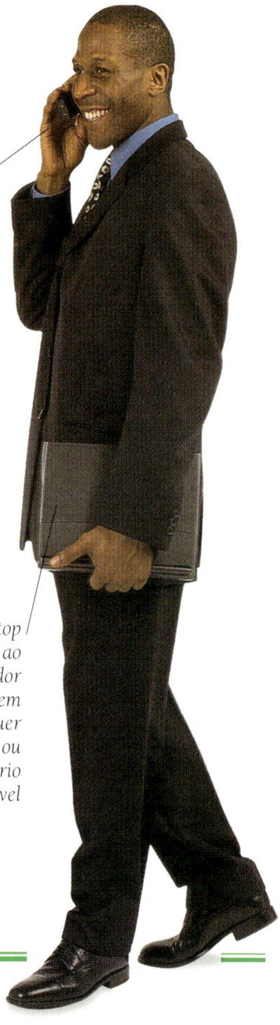

Pelo celular, fala-se com clientes em qualquer local

Laptop permite ao vendedor trabalhar em qualquer local ou horário disponível

VENDEDOR MODERNO
Os modernos equipamentos portáteis permitem ao vendedor uma melhor administração do próprio tempo.

PARCEIRO ELETRÔNICO

Os laptops e agendas eletrônicas deflagraram uma revolução na área. O vendedor moderno traz no computador portátil todas as informações de que precisa e, se preciso, tem também acesso aos arquivos de seu escritório central. Com um clique de mouse, pode responder no ato às questões de seus clientes e ainda verificar a viabilidade do pedido, o estoque, os termos de entrega e os preços. Ao fechar um negócio, o profissional transmite os detalhes de imediato para a empresa, a fim de agilizar o processo.

Operações On-line

A Internet é um dos maiores instrumentos de venda já inventados. Todas as empresas podem anunciar em portais de acesso ou nos próprios sites, enquanto vendedores autônomos podem ter sua homepage. Em alguns sites, o cliente pode fazer o pedido e o pagamento pela própria rede, além de esclarecer dúvidas sem o contato com o vendedor. Muitas empresas oferecem kits de acesso à Internet. É possível ter um site escrito, projetado e mantido por terceiros ou, ainda, seguir indicações especializadas para que sua empresa crie e opere o próprio site.

Lembre-se

- Ao implantar um site na Internet, analise-o com os olhos do cliente.
- O conteúdo do site é definido pela resposta à seguinte questão: "O que o cliente precisa saber?"
- Os comentários de uma pessoa confiável podem ser úteis ao site.
- Todas as perguntas feitas online devem ser respondidas em menos de 24 horas.

14 Faça do site uma ferramenta tão útil quanto utilizável.

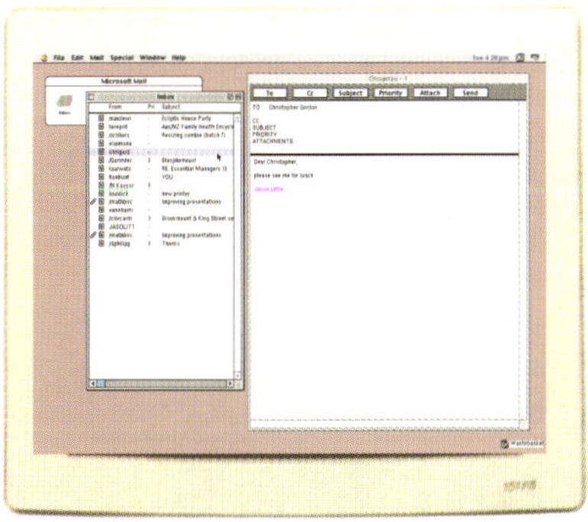

◀ **VENDAS POR E-MAIL**
E-mails não solicitados podem trazer resultados negativos. Ao realizar esse tipo de ação de marketing, escolha apenas os clientes em potencial.

Como Usar E-mail e Fax

O e-mail, ou correio eletrônico, apresenta vantagens em termos de custo e conveniência em relação ao fax. No entanto, os fax continuam sendo muito usados –em computadores ou em aparelhos próprios de transmissão e recepção. O e-mail traz a vantagem da versão eletrônica do texto, facilitando sua manipulação, mas os fax ainda são a melhor solução para contratos ou documentos que requerem assinatura. A facilidade do uso do e-mail pode acarretar um problema: o excesso de mensagens. Deixe claro que só mensagens úteis devem ser enviadas a você.

15 Melhore seu site a partir das críticas que vier a receber.

16 Limite o uso de seu e-mail aos negócios. Evite questões pessoais.

A Relação com os Clientes

Compreender as atitudes do cliente é a chave para aumentar suas vendas. Pesquise sua clientela e mantenha contato com ela, a fim de criar bases para um bom relacionamento.

Como Entender os Tipos de Cliente

A decisão de compra de um cliente é influenciada por uma infinidade de fatores –e não apenas pelo preço. Esteja familiarizado com as necessidades dos clientes em geral, mas fique atento para entender demandas específicas em cada caso.

17 Encare os clientes como aliados, e não como oponentes.

18 Pesquise as necessidades atuais do cliente a fim de satisfazê-las.

Use sua Percepção

Cada cliente possui necessidades específicas, que acabam se alterando conforme a evolução dos negócios. É preciso reconhecer os diferentes tipos de cliente e apresentar o produto certo para cada um deles, evitando aqueles que só desejam especular. Faça uma lista de clientes com suas respectivas características. Lembre-se de que basta oferecer o que o cliente realmente precisa para que ele se sinta satisfeito com a transação.

Motivação do Cliente

Procure adequar sua estratégia de venda à motivação e aos projetos do cliente: ele será receptivo diante de soluções imediatas para seus problemas ou da expectativa de melhorar sua atuação nos negócios. Alguns clientes são motivados pela segurança e buscam sempre garantias e confiabilidade. Outros não querem ficar para trás e compram o que os concorrentes estão comprando. Há também quem tenha o ego como principal fator de motivação e só adquire o melhor produto disponível. Em outros casos, o cliente está predisposto a rejeitar o produto, sem ao menos examinar os benefícios proporcionados pela compra –nesses casos, não invista seu tempo.

19 As prioridades do cliente quase sempre são diferentes daquilo que você espera.

20 Nunca deixe de cumprir uma promessa feita a seu cliente.

Como Entender a Motivação do Cliente

Posição do Cliente	Características	Prognóstico
Em Crescimento O cliente nota uma distância entre a performance atual e o desempenho esperado para seus negócios.	Normalmente usa palavras como "mais", "melhor" e "melhorar". Trata-se de um cliente preparado para aceitar uma boa proposta.	Grandes chances de sucesso na venda. Basta mostrar que você pode eliminar a distância entre a expectativa e a realidade do cliente.
Com Problemas O cliente tem consciência da diferença entre as conquistas feitas e os resultados ideais.	Não admite sua dificuldade diretamente, mas está pronto para discutir problemas circunstanciais.	O cliente aceita a venda com mais facilidade se tem sua necessidade atendida. Tende a aceitar boas propostas.
Estável O comprador julga sua situação satisfatória e não é receptivo a mudanças.	Usa frases como "Não queremos arriscar". Vê a negociação como ameaça, e não como oportunidade.	Venda difícil. Conforme a argumentação do vendedor, pode mudar para o primeiro ou segundo tipo de posição.
Confiante Demais O comprador está satisfeito com sua situação e rejeita mudanças –mas pode estar errado.	Ele deixa claro que "os negócios nunca estiveram melhor" e que qualquer mudança será para pior.	As chances de venda são mínimas até as dificuldades –inevitáveis –surgirem no caminho do cliente.

Descubra seus Clientes

Fazer a proposta certa para o cliente certo na hora certa não pode ser fruto do acaso. Pesquise o cliente e sua empresa antes de fazer uma abordagem de vendas. Assim, você amplia as possibilidades de concretizar uma transação vitoriosa.

21 Dedique a mesma atenção para clientes antigos e novos.

22 Poupe tempo e esforço: organize roteiros de visitas.

Perspectivas de Venda

Vendedores novatos tendem a pensar que as melhores perspectivas vêm de clientes novos. Na verdade, clientes antigos (incluindo os que mudaram de área) propiciam as melhores perspectivas de venda. Outro erro comum é enxergar potenciais clientes a toda hora –o que pode resultar em esforço inútil. A fim de evitar o desperdício de tempo e trabalho, invista na identificação de prováveis clientes no mercado. Mas prepare-se para a concorrência: outras empresas e profissionais devem ter feito o mesmo.

SIGA OS INDÍCIOS ▼

Abaixo, algumas características dos clientes potenciais. Investigue cada indício e faça uma lista das pessoas que tendem a comprar seu produto ou serviço. Concentre seus esforços nesses alvos.

Caça ao Comprador

Às vezes, perde-se muito tempo negociando com pessoas sem poder de compra ou que não tenham autoridade para aprovar uma proposta de venda. Convém evitar que o processo de venda se torne ineficiente –isso acontece quando o vendedor não se sente à vontade para lidar com o cliente, ou quando não está negociando com a pessoa certa. Mesmo sabendo quem é a pessoa que toma as decisões, é possível que você não tenha acesso a ela. Nesse caso, seja paciente: caso a empresa-alvo realmente necessite de você e de seus produtos, os obstáculos serão vencidos no momento certo.

23 Procure descobrir a pessoa que toma a decisão final na empresa-alvo.

▼ **FAÇA CONTATO**
Identifique quem de fato detém o poder de compra e insista em fazer contato direto com essa pessoa. Isso vale ainda mais quando se trata de clientes antigos, que em geral rendem os melhores resultados.

Contato com os Clientes

Pesquise e faça uma boa lista de clientes em potencial

↓

Confirme o nome e o cargo da pessoa com quem vai negociar

↓

Inicie o contato com os clientes por carta, telefonema ou ambos

↓

Envie mensagens confirmando as propostas e o horário da visita

Pesquise sua Clientela

Você pode aprender muito sobre sua clientela sem sequer sair de sua mesa de trabalho. Uma vez identificado o cliente-alvo, procure saber mais sobre suas necessidades e aspirações. Esteja sempre atento a oportunidades para novas vendas.

24 Fique próximo ao cliente e descubra as oportunidades de negócio.

Pergunte-se

- **P** Por que razão o cliente vai comprar meu produto?
- **P** Qual "proposta especial" seria realmente interessante para meu cliente?
- **P** Por que nossa empresa e nosso produto ou serviço constituem a melhor escolha para o cliente?

Como Fazer a Pesquisa

Inicie o processo formulando perguntas vitais a respeito de um cliente em potencial. Ao lado de cada questão, anote onde você pode encontrar essas informações –em seus arquivos pessoais, em sites na Internet ou por meio de contatos pessoais –, para tornar sua pesquisa mais rápida. Depois, concentre-se em sua empresa e nas propostas que pode fazer. Sempre considere o papel da concorrência –tanto a sua como a de seu cliente.

◀ **OFEREÇA OPORTUNIDADES**
Estude as necessidades e motivações dos clientes antes de lhes formular oportunidades "únicas". Procure vender um produto ou serviço diferenciado, que apresente inúmeras vantagens, sem dar chances à concorrência. Exemplos de produtos desse tipo são alguns softwares clássicos na área da tecnologia da informação –são tão populares que as pessoas chegam a comprar computadores somente para poder usá-los. Desperte o interesse de seus clientes em relação aos produtos que tem a oferecer, citando exemplos de outras empresas que já fazem parte de sua carteira.

NECESSIDADES BÁSICAS

Conhecer as necessidades e os negócios do cliente é vital. Conforme as demandas que ele apresentar, argumente que seu produto agrega alguns dos seguintes valores:

- Melhora no desempenho e no resultado
- Maiores lucros a partir da adoção do produto ou serviço novo
- Melhor uso do capital
- Oportunidade para melhorar a posição do comprador dentro de sua empresa
- Eliminação de um problema ou de um gargalo na produção
- Vantagens em relação à concorrência

25 Lembre-se: a melhor fonte de informações é seu próprio cliente.

26 Encare o cliente como seu maior trunfo nos negócios.

27 Concentre-se nos benefícios que sua empresa é capaz de proporcionar.

EXPANDINDO AS VENDAS

Ao pesquisar dados sobre seu cliente, procure descobrir mais opções que possam vir a aumentar suas vendas. Uma transação que envolva um sistema com todos os seus componentes, por exemplo, tem muito mais valor do que a venda de um componente isolado. Analisando o produto e suas características, você pode expandir as dimensões da sua proposta de venda.

VOCÊ CONHECE SEU CLIENTE?

Não é difícil conhecer o produto que você tem de vender. Entender o cliente, porém, pode ser uma tarefa desafiadora. Use as frases abaixo como uma auto-avaliação. Procure sempre adaptar suas estratégias e táticas a novas experiências.

“*Aprendi tudo sobre meu cliente e sobre o produto que estou vendendo.*”

“*Sei o que meu cliente realmente precisa e sei o que de fato quero vender para ele.*”

“*Descobri quem faz ou tem influência na compra, e sei quais pontos podem pesar na decisão.*”

“*Compreendo os negócios de meu cliente, seu estágio atual e seu potencial de crescimento.*”

Como se Comunicar com Eficácia

Na comunicação com o cliente, o principal objetivo é garantir a venda, mas a transação deve trazer bons resultados para ambas as partes. Honestidade e comunicação aberta são os pontos-chave.

28 Procure adaptar seu estilo ao do cliente.

Desperte Confiança

Você deve ser confiante para inspirar a confiança do cliente. O olhar e a linguagem corporal têm papel importante na construção dessa imagem. Sorria e use gestos leves, nunca agressivos. Observe os gestos do cliente a fim de analisar sua receptividade e, se necessário, adapte seu comportamento ao dele. Pergunte e ouça em vez de apenas falar. Anote todas as objeções e reclamações –essas anotações são muito úteis na medida em que dão pistas a respeito das necessidades de seu cliente.

29 Não tema o silêncio: ele é útil para reorganizar as idéias.

A linguagem corporal deve ser positiva nas reuniões

Braços abertos indicam abertura a sugestões

POSTURA POSITIVA ▶ *Seja positivo e honesto. Mantenha a postura firme e o contato do olhar. Enfatize pontos-chave do discurso com a linguagem corporal.*

COMO UTILIZAR AS TÉCNICAS DE COMUNICAÇÃO

TÉCNICAS	COMO APLICAR
EMPATIA Coloque-se no lugar do cliente, para enxergar seu ponto de vista dos problemas em questão.	• Procure colher o máximo de informações durante a conversa, fazendo perguntas diretas. • Use perguntas que façam o cliente se sentir à vontade. • Com a linguagem corporal, demonstre que está atento, fazendo sinais de aprovação com a cabeça.
PESQUISA Identifique fatos que se relacionam com a situação do cliente para compreender por que ele pensa daquela maneira.	• Faça perguntas gerais ao cliente, a fim de adquirir o maior número de informações. • Procure sempre os fatos. • Ouça as respostas com atenção: isso contribuirá para uma melhor compreensão sobre a outra pessoa.
SÍNTESE Procure resolver quaisquer conflitos, orientando a discussão para os objetivos desejados.	• Faça afirmações que estimulem seu interlocutor a formular observações construtivas. • Mostre, com suas respostas, que você de fato é o profissional que o cliente precisava e que foi influenciado pelo teor da conversa.
PROGRAMA NEUROLINGUÍSTICO (PNL) Use essa técnica para manter a harmonia durante a conversação com o cliente.	• Enquanto estiver ouvindo o cliente, assimile os gestos e a linguagem dele. Procure comunicar-se de maneira semelhante. • Mire-se na imagem, no discurso, na postura e nos gestos do cliente. Adquira as características que forem positivas para você.
LINGUAGEM CORPORAL Use os gestos de maneira positiva, a fim de encorajar o cliente a assumir um compromisso e a adotar suas idéias.	• Adote uma postura transparente –braços relaxados, coluna reta, cabeça levemente inclinada. • Mantenha o contato do olhar e sorria sempre. • Responda com gestos animadores caso o cliente apresente sinais de nervosismo ou negativismo.
RESPOSTAS CLARAS Demonstre que ouviu e entendeu seu cliente respondendo diretamente a observações e perguntas.	• Ouça atentamente as observações passíveis de dúvidas e procure resolvê-las o quanto antes. • Atenda prontamente a solicitações. Se não for possível fazê-lo no ato, explique o porquê e defina quando será possível atender ao cliente.

MOTIVE A CLIENTELA

Para ganhar a confiança de um cliente com obviamente mais fácil quando o cliente se mostrar amigável e receptivo. No entanto, caso o cliente se revele hostil, o vendedor terá de trabalhar duro para vencer as resistências. Existem dois tipos de comportamento capazes de motivar os clientes. O primeiro é a empatia: coloque-se no lugar do cliente, fale diretamente e use a persuasão quando ele parecer inseguro. Vá direto ao assunto se o interlocutor estiver ocupado ou impaciente. O segundo tipo é a projeção: use sua habilidade de argumentação para conquistar a concordância do outro. A melhor maneira de motivar um cliente é combinar as duas técnicas.

30 Ignore eventuais hostilidades: elas não são dirigidas a você.

▼ PEÇA UM PARECER

Se o cliente parecer hostil ou confuso, peça a ele um retorno sobre seu trabalho, mesmo que negativo, na esperança de aliviar os temores dele.

DIFERENÇAS CULTURAIS

Quando se fala em comunicação internacional, vale considerar fatores culturais. Clientes japoneses, por exemplo, podem ser imprevisíveis: poucas palavras durante a reunião e, de repente, uma abordagem frontal do assunto. Já os franceses levam horas para chegar à questão. Os ingleses gostam de rapidez na conversa, que muitas vezes pode ficar sem conclusão. Por sua vez, os norte-americanos se revelam entusiasmados com a oferta –para depois recusá-la.

Respostas Apropriadas

Como lidar com perguntas que você não sabe responder? Se possível, nunca admita a própria ignorância, pois isso pode afetar sua credibilidade. Uma saída consiste em usar outra pergunta como resposta. Quando, por exemplo, perguntarem "Quem é seu maior concorrente?", uma resposta interessante talvez seja "Você acha que isso é um fator crucial no seu mercado?". Mais tarde, no entanto, você terá de mostrar seu conhecimento do mercado. Ouça as perguntas com atenção antes de respondê-las e tenha uma linguagem corporal positiva para reforçar as respostas.

A linguagem corporal do cliente mostra hostilidade à proposta

31 Evite especular sobre os resultados de uma reunião.

32 Estimule os clientes a revelar seus objetivos.

33 Ao final de cada reunião, tente obter um parecer do cliente sobre sua atuação.

Conduza a Discussão

O cliente sempre influencia o curso da discussão, apressando ou raleando o processo. Ele pode parecer relutante em ouvir você ou demonstrar interesse em questões secundárias. Responda às perguntas dele com simpatia e honestidade, mas não deixe de retomar sua estratégia de atuação.

- Não entre em debates repetitivos e inócuos.
- Enumere seus argumentos ao final de uma reunião em que conseguiu colocar seu ponto de vista com sucesso.
- Responda aos argumentos do cliente com total honestidade.

COMO PRESTAR SERVIÇOS AO CLIENTE

O serviço ao cliente é tão importante quanto a própria venda. Ainda que esta seja sua atividade principal, jamais deixe de cuidar das necessidades dos clientes, oferecendo o que eles desejam e garantindo a satisfação na compra.

34 Faça avaliações pessoais para checar a eficácia de seu serviço.

35 Monitore as reações do cliente, e aja de imediato caso necessário.

36 Lembre-se: ao reclamar, o cliente tem sempre razão.

COMO RESPONDER AOS CLIENTES

O atendimento a dúvidas do cliente é um aspecto essencial da venda, mas muitos parecem ignorar o fato. Um teste feito na Internet ilustra bem essa realidade. Apenas duas entre dez pessoas que contataram os serviços de atendimento de empresas obtiveram respostas no mesmo dia, enquanto 13% não receberam nenhuma resposta. Fique atento: evitar contato com clientes pode ser contraproducente.

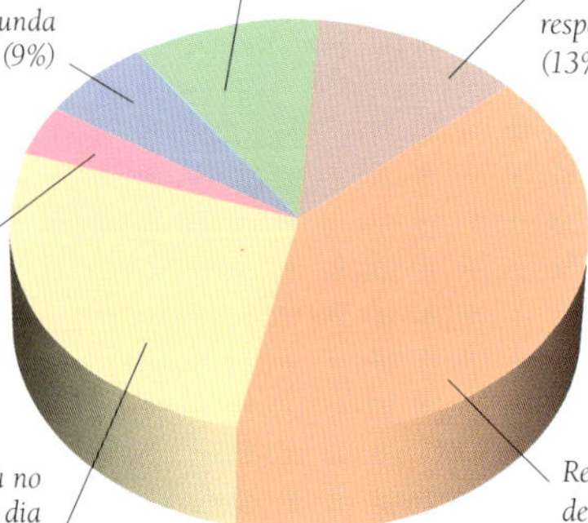

PERGUNTAS ▶ VIA INTERNET
Alguns sites na Internet foram criados por empresas como uma linha direta de comunicação com o cliente. Em sua maioria, porém, as empresas não tiram o devido proveito deste instrumento de venda, conforme mostra a figura.

COMO LIDAR COM RECLAMAÇÕES

Toda reclamação pode ser vista como uma contribuição. Ao fazer críticas legítimas ao produto ou serviço, o cliente ajuda a empresa a melhorar. Resolva esses problemas de maneira rápida e eficiente para satisfazer a clientela:

- Desculpe-se e assuma o problema.
- Tome atitudes rápidas (em até cinco dias).
- Garanta ao cliente que o problema está sendo solucionado.
- Trate disso pessoalmente ou por telefone.

Deixe claro que você está do lado do cliente. Mesmo que a reclamação pareça infundada, leve em conta a opinião alheia. Não descanse até encontrar uma solução que agrade ao cliente.

A CONFIANÇA DO CLIENTE

Diante de reclamações, obedeça às seguintes regras para ganhar a confiança e a fidelidade do cliente:

- Repita uma a uma as reclamações do cliente, para mostrar que as entendeu.
- Diga ao cliente que você entende como ele se sente.
- Garanta ao cliente que a reclamação é valiosa.
- Peça desculpas por qual quer inconveniente e faça tudo para resolver o problema.

37 **Telefone para seus clientes depois de uma venda, a fim de verificar se estão satisfeitos.**

MANTENHA CONTATO

O serviço ao cliente não deve terminar na venda. O cuidado que você presta às necessidades do comprador tem efeito direto na fidelidade de longo prazo. O mesmo princípio se aplica tanto à venda de máquinas de grande porte como à de alfinetes. Pergunte-se: "O cliente ficou satisfeito?" e "Vai voltarnovamente?". Se uma das respostas for "não", verifique o porquê e veja o que pode ser feito.Telefone para checar o nível de satisfação.

▼ **MONITORE O PROGRESSO**
Mantenha contato constante com o cliente visando melhorar o relacionamento com ele, seja qual for a dimensão da venda.

Telefone ao cliente para checar seu grau de satisfação

Anote todas as reclamações e tente resolvê-las de imediato

COMO SATISFAZER CLIENTES

Você nunca será capaz de satisfazer todos os clientes o tempo todo. Mas é seu dever continuar tentando. Verifique quais são as exigências da clientela e tente descobrir se elas vêm sendo atendidas: basta monitorar as reações do cliente.

38 Mantenha um serviço de alto nível para agradar e manter a clientela.

ESTABELEÇA PRIORIDADES

A realização do principal objetivo de uma venda –ultrapassar as expectativas e angariar elogios dos clientes –depende do conhecimento prévio dos problemas do comprador. Nunca encare o preço como maior prioridade: muitos vendedores chegam a comprometer suas vendas por causa disso. O cliente talvez tenha outras prioridades, como prazo de entrega ou qualidade da assistência técnica. Se você pesquisar o que seu cliente deseja e o diferencial que sua empresa poderá oferecer em relação à concorrência, será relativamente simples fechar a venda com sucesso.

Relatórios da empresa indicam necessidades dos clientes

▲ **FONTES DE PESQUISA**
Use todas as fontes de pesquisa a que tem acesso: de literatura empresarial a reportagens e artigos de jornais e revistas.

AVALIE AS PRIORIDADES ▶
Procure perceber qual de suas propostas mais interessa ao cliente.

Use as respostas do cliente para estabelecer as prioridades dele

COMO MANTER CLIENTES

Só há uma forma de ter certeza de que os clientes estão satisfeitos: perguntando a eles. Peça-lhes dicas sobre como aumentar a atratividade de seu produto ou serviço. Envie questionários e ligue pessoalmente aos clientes, pedindo comentários. Faça uso dos contatos de rotina que sua equipe venha a ter com a clientela, desde que tais visitas sejam úteis para você. Acima de tudo, deixe claro que os comentários dos clientes vão ajudar você a melhorar o produto ou serviço.

Descubra as Necessidades do Cliente

Perguntas	Atitudes
Marca e Imagem Sua empresa e seus produtos têm presença forte no mercado?	• Descubra a opinião do cliente sobre sua marca e sua empresa. • Procure saber se o cliente está convicto a respeito de seu produto e de sua empresa.
Técnicas de Venda O processo de venda está sendo conduzido de modo que o cliente fique satisfeito com a negociação?	• Pesquise cursos de habilidades de comunicação para você ou para seus vendedores. • Tenha certeza de que o cliente não está sendo pressionado, e sim auxiliado.
Cumpra as Promessas Sua empresa está cumprindo o que se prometeu, na data combinada?	• Entregue o produto certo, na hora e local combinados, e na quantidade exata. • Faça valer sua palavra: nunca faça promessas que não poderá cumprir.
Administração O processo de venda está sendo realizado com eficiência e sem burocracias desnecessárias?	• Garanta que a fatura e outros documentos estejam claros, e sejam objetivos e fáceis de usar. • Contribua para que sua empresa seja flexível ao planejar ou interpretar termos ou condições.
Receptividade O cliente sempre tem suas dúvidas respondidas de maneira clara e direta?	• Esclareça qualquer ambiguidade na comunicação com o cliente, o mais rápido possível. • Enfrente as reclamações dos clientes assumindo e retificando os erros prontamente.
Informação O cliente sabe tudo o que precisa saber sobre o produto ou serviço que está comprando?	• Assegure-se de que você e seus vendedores conhecem bem o produto ou serviço. • Forneça ao cliente toda a informação e assistência necessárias para usar o produto ou serviço.
Produto ou Serviço A mercadoria excede ou está de acordo com a expectativa do cliente?	• Garanta que as especificações sejam cumpridas, inclusive as concessões especiais feitas na negociação. • Verifique se o cliente está feliz com o desempenho do serviço ou produto.
Serviços após a Venda A relação com o cliente está sendo administrada com eficiência, mesmo após a venda?	• Verifique se as reclamações e perguntas do cliente estão sendo respondidas pronta e educadamente. • Tome a iniciativa de conversar com o cliente para descobrir se ele está satisfeito com a compra.

39 Contrate empresas de pesquisa para avaliar a satisfação do cliente.

40 Para que a pesquisa seja confiável, avalie muitos clientes.

Avalie a Satisfação

A satisfação do cliente deve ser pesquisada e medida. Existem dois métodos para se fazer tal avaliação: o quantitativo e o qualitativo. O primeiro método baseia-se em questionários e pode ser medido por meio de análise estatística. As perguntas usadas são direcionadas, limitando as respostas –perguntas com escala de um a cinco, por exemplo. Esse tipo de pesquisa tem fácil aplicação, mas costuma ser um pouco cara. Vale a pena complementá-la com uma pesquisa qualitativa, baseada em entrevistas. Ambos os métodos devem fazer parte de sua rotina, a fim de assegurar a satisfação permanente do cliente.

Pesquisa Quantitativa

Esse tipo de avaliação usa perguntas que fornecem respostas específicas do cliente e que têm seus resultados apresentados em quadros ou tabelas. Nunca aceite esses resultados como absolutos. Pode haver alguns erros, e uma avaliação positiva talvez enconda a insatisfação de algum cliente, acarretando sérios impactos em vendas no futuro. Pesquisas feitas pela Xerox mostraram que clientes que se declaram "muito satisfeitos" têm seis vezes mais chances de reincidir na compra do que um cliente "satisfeito". Portanto, se as perguntas desse tipo de pesquisa não forem elaboradas com precisão, os resultados tendem a levar a conclusões equivocadas.

Pergunte ao cliente se compraria de você novamente

↓

Pergunte se ele recomendaria você a outras pessoas

↓

Pergunte se ele avaliaria o seu produto ou serviço como excelente

↓

Analise as respostas obtidas e efetue todas as mudanças necessárias

PERGUNTAS-CHAVE ▶

A pesquisa qualitativa, assim como qualquer entrevista, apresenta sempre as mesmas questões a uma amostra representativa de pessoas. Essa pesquisa deve conter três perguntas básicas que são importantes e se referem à satisfação do cliente. Se você conseguir obter respostas proveitosas, terá alcançado as informações essenciais.

▼ **TABELAS DE TESTE E TRABALHO EM GRUPO**

Um pesquisador deve utilizar tabelas e trabalhar com grupos quando lidar com empresas que possuem muitos clientes. Esse tipo de pesquisa é mais eficaz quando realizada de maneira informal.

PESQUISA QUALITATIVA

Esse método de pesquisa implica perguntar pessoalmente ao cliente se ele está feliz com o produto ou serviço. Usando questões que fazem o cliente falar com sinceridade, essa pesquisa pode ser feita em sua empresa ou fora dela. Na empresa, trabalhe com entrevistas coletivas ou individuais a fim de preparar o cliente para o questionário. As entrevistas diretas são as mais reveladoras, mas o pesquisador deve evitar ser tendencioso nas perguntas. Por exemplo, em vez de pegunttar "O serviço é bom?", prefira "O que você achou do serviço?".

NA JUSTA MEDIDA

Tenha cuidado para não exagerar nas gentilezas com o cliente. Muitas empresas que empregam o chamado "marketing do relacionamento" oferecem ao cliente cartas, telefonemas e ofertas especiais. É preciso estar atento, contudo, para não "bombardear" inadvertidamente o comprador. Controle com cuidado esse tipo de atividade. Para cada contato feito, tenha uma razão clara, evitando tomar o tempo e a paciência do cliente. Por outro lado, nunca deixe de aceitar ou retornar uma ligação, ou responder a qualquer correspondência. Falhas em algum desses fatores podem pôr a perder a fidelidade do cliente.

41 O bom nunca é suficiente. Só a excelência faz com que você evolua.

42 Finja ser um cliente e teste o serviço ao consumidor de sua empresa.

A VENDA BEM-SUCEDIDA

Uma venda envolve planejamento e estratégia desde o momento da apresentação de sua equipe ao cliente. O fechamento do negócio, contudo, depende de sua capacidade de negociação.

PLANEJE SUAS AÇÕES

As operações de venda dependem de boas estratégias para ampliar suas chances de sucesso. Os clientes devem ser identificados, e o mercado bem ocupado, com vendedores espalhados por todas as áreas. A boa venda deve satisfazer o cliente.

43 Certifique-se de que sua estratégia faz sentido para toda a equipe.

44 Avalie sua imagem e posição no mercado e reforce a estratégia de venda.

ADOTE UMA ESTRATÉGIA

Tanto para a venda como para o lançamento de um produto, a estratégia bem-sucedida de vendas é baseada em análises de produto, do mercado e da concorrência. Seu plano de venda pode consistir em encontrar novos clientes ou em melhorar a relação com os já existentes. Antes de se decidir sobre a estratégia ideal, no entanto, considere as dimensões do mercado, seu potencial e a força da concorrência. Uma vez definido seu mercado, certifique-se de que sua equipe de vendas atinge as áreas em que se localizam os clientes em potencial.

45 Torne sua proposta excitante para o cliente.

SIGA UMA ESTRATÉGIA DE VENDA

Investigue os objetivos do cliente pesquisando e conversando com seus colegas

↓

Elabore uma apresentação caprichada, tendo sempre em mente os objetivos do cliente

↓

Faça a apresentação fornecendo o maior número possível de informações

↓

Negocie os termos que interessam a você e a seu cliente

↓

Feche o negócio, resumindo os pontos principais e enfatizando as vantagens

VENDA EM ESTÁGIOS

O processo de venda deve passar por alguns estágios antes que ambas as partes cheguem ao acordo final. Cada um desses estágios requer um pequeno plano de ação. Defina o resultado que deseja, suas táticas para atingi-lo e soluções para eventuais discordâncias. Revise seu plano a cada estágio, incorporando as informações recém-adquiridas. Suas pesquisas a respeito das expectativas e necessidades do cliente serão o ponto de partida para o seu planejamento, suas estratégias e sua apresentação. Assegure-se de que tem em mãos todos os fatos e estatísticas relevantes –isso facilitará a resposta a eventuais dúvidas do cliente. Ao concluir a reunião, procure reiterar os benefícios únicos proporcionados por seu produto ou serviço.

CONHEÇA SEU PRODUTO E SEU MERCADO

Uma estratégia eficiente de venda depende de algumas táticas de persuasão e de negociação –táticas que só funcionam quando reforçadas com provas de que há conhecimento e confiança no produto ou serviço oferecido. Os clientes costumam relatar o que precisam aos vendedores. Portanto, é necessário ter respostas prontas para quaisquer dúvidas que surgirem. Não é aconselhável limitar-se ao conhecimento de seu produto –você deve ser capaz de realizar comparações (favoráveis) de seu produto com os similares do mercado. Use de todos os meios para tornar-se um perito em sua área. Estude técnicas de mercado, converse e aprenda com os departamentos técnico, de operação ou de produção, assista a cursos da área. Em, resumo, adquira o máximo de experiência, melhorando seus conhecimentos e sua competência.

USE A FÓRMULA AIDCA

A sigla AIDCA contém as palavras-chave Atenção, Interesse, Desejo, Convicção e Ação. Trata-se da sequência de cinco estágios a ser atravessados pelo cliente em potencial ao longo do processo de uma venda bem-sucedida.

46 Desenvolva uma "história" que agrade aos compradores.

47 Tente despertar atenção com suas mensagens escritas.

UTILIZAÇÃO DOS PRINCÍPIOS AIDCA

Vendedores que trabalham com mala direta usam a fórmula AIDCA como guia para propostas de venda, mas a fórmula é aplicável em todos os tipos de venda. Esses princípios proporcionam uma venda bem organizada e direcionada, fazendo com que a proposta seja coerente e sedutora ao cliente. Primeiro, chame a Atenção do cliente e depois desperte-lhe o Interesse. Converta este Interesse em Desejo pelo seu produto ou serviço, criando assim a Convicção de que tudo terminará numa Ação –a venda.

CHAME A ATENÇÃO

Para efetuar uma venda, antes de tudo é necessário conquistar a Atenção do cliente. Há uma infinidade de possibilidades para atingir esse objetivo, algumas muito eficazes, como fazer uma proposta excepcional ou ser apresentado ao cliente por uma pessoa influente e admirada. Seja qual for sua estratégia, a meta é ser notado. Presuma que o cliente esteja rodeado de propostas. Projete seus movimentos iniciais, sejam eles por telefone, por carta ou pessoalmente, de modo a diferenciar-se dos concorrentes. Conquiste os olhos e ouvidos do cliente, para então conquistar sua mente, coração e bolso.

▲ **AIDCA EM CURSO**
Os primeiros estágios determinam o sucesso da aproximação. Sua carta deve chamar a atenção e conter informações interessantes, de modo a despertar no cliente o interesse por mais dados.

48 Deixe para anunciar algumas qualidades de seu produto na hora oportuna.

49 Faça bom uso de seus primeiros minutos com o cliente.

DESPERTE O INTERESSE

Transforme a Atenção conquistada em Interesse. Para isso, você tem de tomar a atitude certa em relação a seu cliente. Uma promessa explícita ou implícita de que o problema que o aflige será solucionado – como, por exemplo, "O que tenho a oferecer irá cortar pela metade suas contas telefônicas" –fatalmente despertará o Interesse do cliente. Porém, a frase que desperta Interesse, sozinha, não realiza a venda. Ela apenas torna o interlocutor mais receptivo a suas informações.

Pontos-chave numa mensagem despertam o interesse

INTERESSE

Vendedores se reúnem com clientes para dar informações e estimular o desejo

DESEJO

ESTÍMULO AO DESEJO

Atenção e Interesse não bastam para fechar uma venda. O cliente precisa ter Desejo pelo produto ou serviço. O ato de reservar um pacote turístico ilustra bem essa progressão: o anúncio no jornal atrai a Atenção, os detalhes sobre o lugar despertam o Interesse e os folhetos do agente de viagem inspiram o Desejo. Descontos ou opções de pagamento são apenas atrações adicionais. Na verdade, todos os pontos têm importância, mas os adornos e detalhes acessórios podem liderar a escala e serem vistos como principal objeto de Desejo.

50 Pergunte-se: "Por que meu produto é singular?"

Como Criar Convicção

O cliente deve ser levado à conclusão de que precisa comprar de você, e somente de você. Apresente-lhe uma proposta única de venda, que agregue a seu produto ou serviço algo que o torne diferente ou melhor do que seus similares. Comparar um pacote turístico com outros mais caros, por exemplo, traz ao cliente a Convicção de que a decisão de compra está certa, assim como a oferta de um seguro de viagem ou condições de pagamento excepcionais. Em vez de persuadir o cliente, deixe que ele se convença sozinho. Nessas circunstâncias, a venda terá mais sucesso.

◀ **CONCLUSÃO DA VENDA**
Os estágios finais da sequência AIDCA têm por objetivo convencer o cliente de que ele tem o melhor em mãos e fazê-lo tomar a decisão de compra.

Estimule a Ação

O teste final está na Ação. A frase "Decida enquanto temos estoque" contém dois princípios: imediatismo e urgência. Para que o cliente decida naquele momento, passa-se a idéia de que a oportunidade não vai durar muito. Essa situação pode ser artificial mas, se os elementos de urgência não forem criados, o processo pode ficar lento e o ímpeto da compra se perder. Isso levaria à repetição de toda a sequência AIDCA, agora com menos chances de sucesso. Aplicada no tempo certo, a fórmula tem maiores possibilidades de êxito.

51 Dê ao cliente um incentivo final para "assinar na linha pontilhada".

52 Use palavras animadoras para cativar o cliente.

GANHE A PREFERÊNCIA

O objetivo do AIDCA é convencer o comprador de que sua oferta é melhor do que qualquer outra e, eventuamente, fazer com que o cliente troque o produto ou serviço que está usando pelo seu. O método mais eficaz consiste em oferecer a melhor solução aos problemas do cliente –e demonstrar a viabilidade dessa solução. Apresentar-se como uma pessoa receptiva e prestativa, com fortes vínculos com a empresa, contribui para a venda. Descreva com entusiasmo os benefícios de seu produto ou serviço e explique ao cliente as novidades em equipamentos e aplicações. Essas informações devem inspirar segurança –portanto, tenha à mão relatos de clientes satisfeitos.

O cliente conhece o produto em primeira mão

◀ DEMONSTRE O PRODUTO
Uma boa demonstração ajuda a criar a Convicção que, mais tarde, vai resultar em Ação.

O vendedor demonstra os benefícios do produto

CERTO E ERRADO

- ✔ Enfatize as vantagens únicas que o seu produto pode trazer.
- ✔ Concentre-se no último "A" do AIDCA: faça o cliente agir imediatamente.
- ✘ Não critique os concorrentes para tentar convencer o cliente a comprar de você.
- ✘ Não desista da venda mesmo se o AIDCA falhar.

53 Inclua brindes ou itens gratuitos em sua proposta de venda.

COMO USAR A MALA-DIRETA

A comunicação escrita está presente em quase todas as transações –e quanto melhor sua qualidade, maiores as vendas. A mala-direta requer bom texto e é um recurso cada vez mais importante, capaz de deflagrar toda uma campanha de vendas.

54 Deixe outra pessoa ler suas cartas para ajudar a identificar erros.

55 Teste diferentes tipos de mensagem e escolha os melhores.

56 Verifique se todo o material enviado reforça os valores de sua marca.

USO DAS CARTAS

Cartas são um método eficiente de introduzir ou apresentar malas-diretas. Se você receber uma carta-resposta, não deixe de respondê-la, mesmo que seja por meio de um telefonema. Caso sua correspondência obtenha sucesso e resulte num encontro com o cliente, escreva confirmando o que será discutido (convertendo a carta numa espécie de minuta), de modo a antecipar pontos da negociação. Procure sempre tomar nota dos problemas mais graves. Por fim, se a venda não for realizada, envie uma carta com a função de lembrar o cliente de seus serviços para uma oportunidade futura.

MELHORE SEU TEXTO

Use as dicas abaixo, que seguem os princípios AIDCA, para escrever uma carta de introdução capaz de despertar e prender a atenção do cliente.

- Planeje a carta: faça uma introdução, um desenvolvimento e uma conclusão.
- Pratique a escrita.
- Aprenda a escrever enquanto fala.
- Visualize o leitor e dirija-se a ele.
- Seja sucinto.
- Certifique-se de que está sendo claro.
- Escreva frases simples e curtas.
- Mantenha seu texto leve e lógico.
- Não cobre respostas.
- Evite rodeios e termos antiquados.
- Privilegie palavras curtas e simples.
- Use a voz ativa em vez da passiva.
- Evite jargões ou redundâncias.
- Leia o texto para si mesmo.
- Revise somente quando terminar.

VENDAS PELO CORREIO

A venda por meio da mala-direta elimina os telefonemas. Além disso, propicia certas experiências –variando os métodos de venda, você pode encontrar a combinação que mais atrai o cliente. A carta ao cliente é essencial, mas o mais importante é a lista de correspondências. Você precisa ter uma lista atualizada de clientes em potencial, feita pessoalmente ou encomendada a terceiros. Correspondências muito extensas custam caro. Portanto, vale testar sua eficácia num pequeno grupo de clientes, a fim de garantir que os investimentos em preparação, impressão e envio dêem o retorno esperado.

Logo para identificar a empresa

Estilo definido reforça a marca

◀ MODELO ELEGANTE
Gaste o tempo que for necessário escolhendo o estilo de sua mala direta. O modelo deve ser claro, consistente e ter visual atraente.

MATERIAL INFORMATIVO

Muitas empresas costumam investir em folhetos informativos, que são distribuídos por correio, em feiras ou visitas de negócios. Esse tipo de material pode variar de catálogos sofisticados a simples listas de preços. Seja qual for a natureza ou o custo do produto, o informativo deve apresentar ao cliente razões claras para a compra. Convém, portanto, produzir uma comunicação consistente e de alta qualidade, que sustente o reconhecimento da marca, que contenha uma mensagem clara e impactante e que não seja muito extensa.

COMO ESCREVER UMA CARTA DE MALA-DIRETA

Mencione o maior benefício do produto no início do texto

↓

Logo após a introdução, aprofunde-se nas vantagens do produto

↓

Explique o que os clientes irão adquirir, nos mínimos detalhes

↓

Cite detalhes do serviço ou produto; se possível, mencione a satisfação dos clientes atuais

↓

Lembre ao leitor o que ele pode perder se não aceitar a oferta

↓

Reforce os benefícios mais importantes na conclusão da carta

↓

Estimule a ação –passe a idéia de que o leitor deve agir imediatamente

COMO USAR O TELEFONE

Convencer um cliente a lhe conceder uma reunião, especialmente quando ele não o conhece, é uma das mais requintadas habilidades de venda. Pratique e utilize técnicas ao telefone para fazer contatos, marcar encontros de trabalho e vender.

57 Marque uma reunião com seu cliente, mesmo que pareça difícil.

"QUEBRE O GELO"

É importante ter um motivo sólido para sua ligação. Tente se aproximar do cliente fazendo algumas perguntas que abram espaço para você se apresentar, como, por exemplo: "O senhor tem recebido visitas da nossa empresa ultimamente?"; ou "Meu nome foi mencionado?". Suas colocações devem ser sempre positivas. É possível recorrer à frase "O senhor recebeu minha carta?" caso um contato por correio já tenha sido feito (confirme sempre o recebimento de suas correspondências). Caso o cliente não se lembre de você ou de sua carta, apresente-se pelo telefone.

LEMBRE-SE

- Procure falar no mesmo ritmo do interlocutor, estabelecendo a harmonia na conversa.
- Evite interromper a outra pessoa.
- Tente mencionar seu nome sempre que possível; evite o uso de "eu" durante a ligação.
- Na primeira ligação, "Aqui é..." em vez de "Meu nome é..." soa mais informal.
- Evite fazer pausas durante o telefonema.

◄ MELHORE SUA TÉCNICA
Obter uma reunião por telefone exige muito esforço. Prepare um texto e monitore suas expressões faciais por um espelho a fim de atingir o objetivo desejado.

MANTENHA O INTERESSE

Demonstre interesse no cliente durante a conversa. Pergunte "Tudo bem?" como se a resposta automática ("Tudo bem, obrigado") fosse realmente importante para você. Se o cliente estiver sem tempo, peça apenas dez minutos de atenção e não ultrapasse esse tempo, a menos que o cliente queira. Procure dar respostas simpáticas, mesmo que a conversa se torne hostil. Use frases agradáveis ao cliente, como "Isso é compreensível", ou "Nós percebemos que isso acontece com a maioria das pessoas".

58 Tente gostar das pessoas com quem negocia –e demonstre isso.

59 Confirme o horário antes de ir a uma reunião.

O sorriso mantém um tom de voz positivo

Anote as atitudes a ser tomadas

SIMPATIA AO TELEFONE

Faça com que o cliente veja em você um aliado. Responda com simpatia a qualquer hostilidade e permaneça calmo. Não faça promessas que não pode cumprir.

COMO GARANTIR UMA REUNIÃO

Ao ligar para desconhecidos tentando marcar um encontro, seja o mais otimista possível. Explique rapidamente a razão de seu telefonema e use as seguintes perguntas e frases para garantir o encontro, que deve ser confirmado ao final da conversa:

"Você provavelmente já ouviu meu nome. Alguém já falou de mim para você?"

"Como você deve saber, nossa empresa está lançando um novo produto..."

"Eu ficaria feliz em ter uma oportunidade para falar mais sobre este novo produto."

"Estarei próximo de sua empresa na terça-feira à tarde. Você teria alguns minutos para falar comigo?"

Como Extrair o Máximo das Reuniões

Uma vez compreendidas todas as motivações e objetivos do cliente, você pode começar a planejar o tempo dedicado a ele. Prepare com cuidado a apresentação de sua proposta de venda, a fim de que ela se torne o mais atraente possível.

60 Forneça ao cliente somente as informações de que ele precisa.

Planejamento de uma Reunião

Reflita sobre todos os aspectos do relacionamento com o cliente. Escolha um local neutro, mas lembre-se de que a formalidade contribui para a concentração, mas também pode intimidar. Por sua vez, ambientes demasiadamente informais são inadequados. Seja claro sobre seus objetivos –efetuar a venda ou descobrir as necessidades do cliente? Tenha à mão todas as características de seu produto (e também dos da concorrência). Calcule o tempo gasto para abordar todos os pontos e leve cópias de dados relevantes para serem deixadas com o cliente. Procure estar sempre preparado para esse tipo de compromisso.

Certo e Errado

- ✔ Formule as questões de modo a obter respostas positivas.
- ✔ Reserve um tempo para ouvir o cliente.
- ✔ Decore as qualidades únicas de seu produto e de sua empresa.
- ✘ Não deixe o cliente entediado com muitas informações.
- ✘ Não force o cliente a fechar um acordo.
- ✘ Não se preocupe em falhar – pense sempre no sucesso.

Promova seu Produto

Ao encontrar-se com o cliente, forneça todas as informações de que ele precisa para escolher seu produto ou serviço:

- Diga tudo o que você sabe sobre as atividades e ambições do cliente;
- Mostre como sua oferta pode beneficiá-lo;
- Enumere as qualidades de seu serviço ou produto e fale sobre sua empresa;
- Conheça os pontos fortes e fracos dos concorrentes, bem como de seu produto ou serviço;
- Antecipe pontos negativos que o cliente possa levantar, e esteja pronto para sugerir soluções;
- Apresente referências de clientes satisfeitos.

OUÇA OS CLIENTES

Deixe que os clientes falem sobre suas necessidades antes de apresentar sua oferta. Procure esclarecer quaisquer dúvidas. Seja sempre educado, trate o cliente pelo nome, e evite o uso de jargões. Tente exceder as expectativas, perguntando ao cliente se há algo que possa tornar o seu produto ou serviço ainda mais interessante. Finalize o encontro oferecendo uma concessão inesperada (ainda que simples), para fazer com que o cliente se sinta favorecido. Agradeça a atenção dispensada e ressalte a importância que você atribuiu à reunião.

61 Não perca seu objetivo de vista ao planejar a reunião.

62 Assegure-se de que sua empresa é capaz de cumprir todas as promessas que você fizer.

DIFERENÇAS CULTURAIS

O vendedor norte-americano é conhecido por suas persuasivas apresentações. Já os ingleses revelam-se mais tímidos e demoram para chegar ao ponto principal. Os alemães, muito formais, tendem a usar a reunião apenas para dar informações sobre o produto. Por sua vez, os franceses arriscam apresentações mais intelectualizadas e falam a maior parte do tempo.

TELEFONEMAS DE RETORNO ▼

É apropriado telefonar ao cliente depois de uma reunião. A medida estabelece um bom relacionamento e causa boa impressão.

Tenha uma lista de contatos atualizada

Mencione encontros com outros clientes, se necessário

Fazendo Apresentações

Transmitir sua mensagem face a face ou numa apresentação diante de um grande público é um dos pontos cruciais da venda. A diferença entre uma exposição boa e uma ruim pode significar ganhar ou perder uma venda.

63 **Faça um discurso curto, mantenha o objetivo e finalize positivamente.**

Planeje sua Apresentação

Embora cada apresentação deva ser moldada de acordo com o cliente e com o produto, há uma sequência básica que vai garantir que o interesse inicial da audiência se transforme numa ação de compra:

- Fale sobre as vantagens singulares de seu produto ou serviço;
- Demonstre o sucesso atingido pelo seu produto ou serviço, com estatísticas atualizadas e depoimentos de clientes;
- Explique os riscos que uma empresa corre quando não acompanha o mercado;
- Procure convencer o público de que a aquisição do produto ou serviço irá melhorar sua imagem no mercado;
- Finalmente, estimule a ação imediata dos clientes para que eles garantam a compra do produto o quanto antes.

Controle o Tempo

As regras de uma apresentação são similares à de um discurso. Em primeiro lugar, defina os pontos a ser atingidos com a sequência AIDCA *(págs. 34-7)*. Reduza ao máximo o tempo de exposição: a capacidade de atenção das pessoas, em média, dura de 20 a 40 minutos. Divida a apresentação em partes, e desenvolva um tópico por vez, sabendo de antemão quanto tempo vai gastar em cada um. Ao utilizar recursos visuais, lembre-se de que cada item vai lhe tomar ao menos três minutos. Portanto, trabalhe em média com dez itens.

▼ Seja Enfático

Reforce os pontos principais de sua apresentação para o público desde a introdução. Em seguida, discuta os itens levantados, e termine com um resumo objetivo de seu discurso.

Introduza o assunto a ser tratado → **Fale sobre o assunto** → **Resuma o que falou**

▲ AUDIOVISUAIS
Equipamentos AV de alta tecnologia podem exigir um técnico de operação. Certifique-se de ter sempre suporte especializado.

RECURSOS AUDIOVISUAIS

A mente humana grava melhor as imagens do que os discursos. Se as imagens forem acompanhadas de áudio, a memorização é ainda maior. O uso de equipamentos audiovisuais (AV) nunca foi tão acessível –graças aos computadores e seus softwares de edição de textos, gráficos, imagens, animações e outros recursos. Em reuniões pequenas, pode-se usar um computador comum. Para causar mais impacto em audiências maiores, vale a pena usar projetores coloridos com elementos dinâmicos e trilha sonora. Mas lembre-se de produzir a apresentação audiovisual de acordo com as necessidades do cliente.

64 Incorpore novos dados audiovisuais a cada apresentação.

65 Evite ler seus discursos durante a exposição.

COMO CAUSAR IMPACTO

Mensagens de efeito são convincentes e originais, estimulando a ação do cliente:

- Seja claro sobre os benefícios oferecidos, começando com uma frase de impacto.
- Siga a famosa regra de apontar soluções e não problemas; apresente seu produto ou serviço no menor tempo possível.
- Repita o nome da empresa ou da marca frequentemente.
- Jamais critique a concorrência: explique apenas que sua oferta representa um avanço em relação ao resto do mercado.
- Não exagere nos aspectos técnicos; isso pode afastar clientes que não dominam o assunto.
- Procure transmitir suas idéias claramente.
- Finalize recapitulando a imagem de seu produto ou serviço e a de sua empresa.

COMO NEGOCIAR

Mesmo depois do fechamento da venda com o cliente, o vendedor precisa negociar os termos e as condições. Cada negociação envolve objetivos específicos. Prepare-se para entender essas diferenças e busque a satisfação das duas partes.

66 Analise o que você faria se estivesse no lugar do cliente.

◄ **FAÇA UM ENSAIO**
Treine o que vai dizer antes da negociação, de preferência diante de um espelho, verificando sua expressão e gestos. Você se sentirá mais preparado e menos ansioso quanto ao resultado da reunião.

PREPARE-SE PARA NEGOCIAR

Antecipar as colocações do comprador pode lhe dar uma boa vantagem na negociação. Se você não estiver devidamente preparado, uma simples pergunta do clientepode pôr tudo a perder: a falta de preparo compromete muitos contratos de venda. Pratique as negociações em ensaios com colegas. Peça a eles que façam o papel do cliente. Pesquise as questões que podem ser levantadas, e qual a melhor maneira de respondê-las. Aprenda também a usar a linguagem corporal para ganhar a confiança do cliente.

BUSQUE A SATISFAÇÃO DE AMBAS AS PARTES

Seu objetivo consiste em realizar uma venda satisfatória para sua empresa –mas isso também inclui a plena satisfação do cliente. Ao longo de toda a negociação, tenha claro em mente quais são os melhores e os piores termos aceitáveis do ponto de vista de sua empresa. Você também deve ter conhecimento das reais expectativas do cliente. O primeiro passo da negociação é tentar atingir suas expectativas e as de sua empresa. Depois disso, procure satisfazer ao máximo os objetivos do cliente.

▼ **METAS COMBINADAS**

Explique claramente seus objetivos ao cliente, e ouça atentamente os objetivos dele. Procure combinar ambas as metas para realizar uma venda de sucesso.

67 **Evite pensamentos negativos e o clima de confronto. Mantenha um tom simpático.**

ENFATIZE AS VANTAGENS

A concorrência jamais deixará de assediar o cliente, com ofertas tentadoras. Para vencer seus competidores, você deve salientar as vantagens de sua empresa, produto ou serviço. É mais eficiente realçar sua superioridade em relação ao cliente em termos de prazo, eficiência e competitividade. O preço absoluto é menos importante do que a satisfação com o investimento.

COMO LIDAR COM A CONCORRÊNCIA

Em todas as negociações se faz presente uma terceira parte invisível: a concorrência. As ofertas que os competidores apresentam têm influência direta sobre suas negociações. O cliente só vai aceitar seus termos e preços se você apresentar um argumento convincente sobre a superioridade de seu produto ou serviço. Descubra tudo sobre a concorrência e arme-se de informações.

68 **Nunca critique a concorrência, mas tente sempre vencê-la.**

ACERTE O PREÇO

Existem duas razões para não diminuir os preços numa negociação de venda. A primeira é que o preço normalmente não constitui a principal preocupação do cliente. A segunda é que o preço significa a garantia do lucro. Oferecer descontos pode ameaçar os retornos financeiros de sua empresa –e, de qualquer forma, não assegura a concretização da venda. A saída, assim, é negociar um preço mais alto: vendedores de automóveis, por exemplo, agregam opcionais ao produto para aumentar o preço. No entanto, o vendedor tende a dar o máximo de descontos e a resistir a aumentos de preços, com medo de queda nas vendas. A matemática mostra, porém, que é mais difícil obter lucros reduzindo do que aumentando preços. Resista em oferecer abatimentos e, quando inevitável, diminua o preço o mínimo possível.

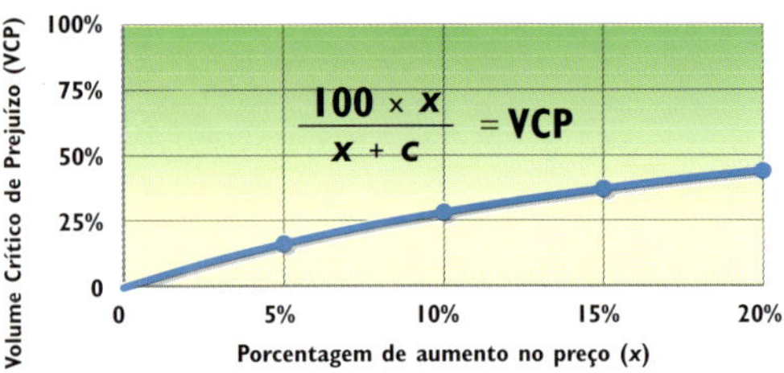

ONDE **x** = *Aumento de Preço (%)* **c** = *Preço menos custos diretos (%)*
y = *Queda de Preço (%)*

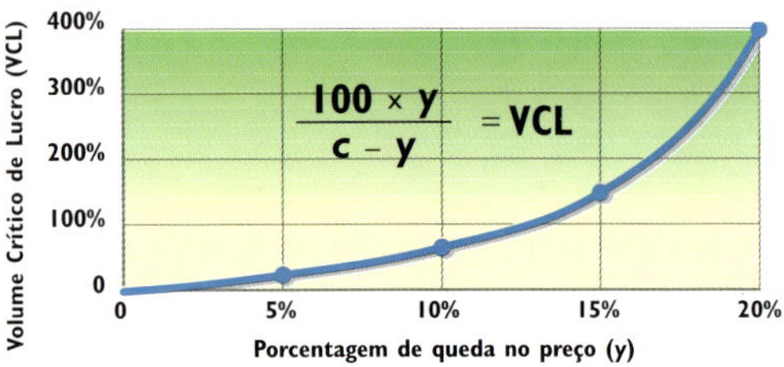

LEMBRE-SE

- A tática mais eficaz na negociação é a ênfase nas vantagens.
- Mencionar as qualidades do produto também vale a pena.
- Fazer com que o cliente conheça o produto ou serviço é a chave para um bom resultado.

69 Inicialmente, peça o preço mais alto que o mercado possa sustentar.

◀ **AUMENTO DE PREÇOS**
Esta equação ajuda você a se decidir por um aumento de preço, mostrando o quanto as vendas podem cair sem que o lucro decline. Neste exemplo, no qual o valor de "c" é 25 e o preço do produto aumenta 20%, os lucros não caem mesmo que as vendas baixem 44% (Volume Crítico de Prejuízo). Vale correr o risco.

◀ **REDUÇÃO DE PREÇOS**
Esta equação ajuda você a se decidir por um corte nos preços mostrando o quanto as vendas devem subir com o novo preço para que o lucro seja sustentado. Se o preço do produto cair 20% com o valor de "c" igual a 25, as vendas devem subir 400% (Volume Crítico de Lucro). Esta, obviamente, não é uma estratégia viável.

Fale com seus Superiores

Se você chegar a um impasse em relação ao preço, tente ceder em algum ponto para que o cliente se sinta vitorioso. Para obter essa concessão, fale com seus superiores ou peça a sua equipe de vendedores que o consulte com antecedência. Muitas vezes, esse tipo de "consulta" de fato é desnecessária, mas o jogo de cena adquire importância na medida em que transmite uma imagem de flexibilidade e receptividade de sua empresa. Evite, porém, abrir exceções que possam comprometer a lucratividade da venda.

70 Tente manter a negociação num nível amigável o tempo todo.

71 Caso não consiga resolver um problema, fale com seus superiores.

▼ CONSULTE O CHEFE

Deixe o recinto para falar com seu superior e retorne com uma concessão especial: "Meu chefe abriu uma exceção para o seu caso".

O envolvimento do gerente aumenta a importância da concessão

O vendedor pede aprovação para um acordo especial

COMO FECHAR A VENDA

Para fechar uma venda com sucesso, você precisa deixar o cliente confiante o bastante para aceitar sua proposta de negócio. Dê as informações necessárias, rebata as objeções e solicite uma decisão dos cliente –mas evite pressioná-lo.

72 Tome nota de objeções consistentes.

CONCLUSÃO DA VENDA

Para concluir a transação, você deve fazer o cliente se sentir compromissado com a venda. Nesse momento, evite agir de acordo com fórmulas predeterminadas –você está lidando com um indivíduo e deve planejar o fechamento de acordo as características dele. Alguns clientes gostam de um processo direto, outros preferem ter opções para decidir, e há ainda quem precise de alguns minutos de reflexão.

CHEGANDO A UMA ▲ CONCLUSÃO
Procure não seguir regras fixas quando estiver próximo da venda. Se necessário, faça algumas concessões.

73 Agradeça ao cliente com entusiasmo, seja qual for o resultado.

RETORNO IMPORTANTE

Às vezes, as objeções do cliente soam desanimadoras. Por outro lado, os clientes mais críticos são os que mais costumam comprar. Compradores que não colocam objeções não dão retorno ao vendedor, fazendo com que a venda se torne difícil. Já o cliente crítico sempre questiona e está aberto ao diálogo, dando ao vendedor dicas sobre como agir. Nunca menospreze as objeções do cliente; trate-as como problemas sérios, principalmente nos últimos estágios da negociação.

CONDUZA A NEGOCIAÇÃO

Quando sentir que trocou informações suficientes com o cliente, procure conduzir a negociação para uma conclusão positiva, rumo à decisão de compra. Depois disso, resuma os principais itens do acordo, enfatizando as ligações entre os objetivos do cliente e seu produto ou serviço. Pergunte ao cliente se todos os objetivos foram atingidos. Isso faz com que a negociação fique clara, e lhe dá a oportunidade de eliminar qualquer problema remanescente.

FINALIZE A VENDA

É importante agir com rapidez e não deixar o momento da compra passar. Chegada a hora de assinar o contrato, o cliente estará com a certeza de que as vantagens que você está oferecendo correspondem exatamente às necessidades dele. Nesse momento, a decisão de compra resume-se apenas a uma formalidade. Deixe o contrato sobre a mesa durante toda a negociação. Não é recomendável apresentá-lo de repente, pois isso passa a impressão de que você está empurrando a mercadoria.

74 Antecipe a trilha que o levará ao sucesso e não se afaste dela.

75 Analise com calma suas tentativas de venda e reproduza os passos das negociações bem-sucedidas.

76 Procure lições nos fracassos e aprenda com elas.

COMO FORMULAR QUESTÕES DECISIVAS

Cobrar uma decisão do cliente pode parecer grosseiro. Procure formular frases mais sutis para transmitir essa mensagem. Introduza o fechamento da venda como uma progressão natural do processo e faça perguntas como se a decisão de compra já tivesse sido tomada:

"Qual a data de entrega mais conveniente para você?"

"Devo mandar a fatura para o endereço da entrega ou a seu escritório principal?"

"Há alguma ordem na entrega dos pedidos ou qualquer outra informação que eu precise saber?"

"Você prefere uma grande encomenda com desconto ou uma pequena remessa, só para começar?"

AS EQUIPES DE VENDA

As vendas de curto prazo requerem administração diária, enquanto o gerenciamento de longo prazo exige decisões sobre o futuro da equipe. Aprenda a trabalhar das duas maneiras.

COMO LIDERAR UMA EQUIPE

A chave para um gerenciamento de vendas eficaz está em controlar e motivar os vendedores e outros funcionários, fazendo com que eles contribuam para a formação de uma equipe forte.

77 Ofereça prêmios a equipes vitoriosas para incentivar seu desenvolvimento.

NOVE PONTOS

Seja um gerente mais eficiente praticando estas habilidades:

- Recrutar vendedores
- Treinar vendedores
- Preparar vendedores
- Localizar clientes
- Monitorar telefonemas
- Monitorar atuações
- Analisar resultados
- Recompensar conquistas
- Lidar com o fracasso

GERENTE OU VENDEDOR?

Para desempenhar bem sua função, o gerente de vendas lida com a dificuldade básica de ser responsável por cumprir as metas de venda mesmo longe do corpo-a-corpo com o cliente. Há também o caso de profissionais que são ótimos nas vendas, mas não têm aptidão para gerenciar –um problema comum. Se esse é o seu caso, procure um treinamento e garanta que membros da sua equipe também sejam treinados em situação similar. Procure não misturar as funções de gerente com as de vendedor, e tente evitar essa mesma tendência nos membros de sua equipe.

Como Manter sua Equipe

Os principais segredos da administração de uma equipe de sucesso são proporcionar motivação e reconhecer o sucesso. Verifique sempre se a equipe está satisfeita. Os bons vendedores diferenciam-se dos ruins até mesmo pelos motivos que os levam a deixar a empresa: os campeões de venda se desmotivam diante de restrições burocráticas em suas tarefas, coisa que pouco incomoda profissionais mais acomodados, que só pensam nos prêmios. Lembre-se: controle em demasia pode desfalcar seu time.

Por que o Vendedor se Demite

Vendedores bons	Vendedores ruins
1 Excesso de restrições	1 Poucas recompensas
2 Falta de realização	2 Poucas perspectivas
3 Poucas perspectivas	3 Falta de realização
4 Poucas recompensas	4 Problemas no trabalho
5 Problemas no trabalho	5 Excesso de restrições

▼ **INTEGRAÇÃO DA EQUIPE**
Estimule a constante troca de informações entre todos os departamentos. Isso faz com que cada setor tenha um melhor conhecimento dos negócios e reforça a competitividade da equipe.

Harmonize sua Equipe

Sua equipe de vendas deve manter uma boa relação com os departamentos de marketing, de atendimento ao consumidor e de produção. Garanta o bom fluxo de informação entre esses departamentos, de modo a obter muitas vantagens. Determinados tipos de venda podem contar com auxílio direto do departamento de marketing. Lembre-se de que esse tipo de integração é produtivo, mas precisa ser organizado para não confundir o cliente.

Como Treinar sua Equipe

O treinamento em vendas tende a ser mais eficaz do que em qualquer outra área. Aprenda com especialistas e, se possível, permita que eles falem diretamente com seus colaboradores. Vale a pena reservar tempo para isso, caso necessário.

78 Anote as lições dos especialistas e use-as sempre que possível.

Pergunte-se

- **P** Sua equipe sabe o suficiente sobre os produtos e serviços da empresa?
- **P** Eles têm um bom nível de conhecimento técnico?
- **P** Sua equipe precisa de mais informações sobre o mercado?
- **P** Um treinamento melhoraria a atuação da equipe?
- **P** O treinamento deverá ser feito dentro da empresa?

Mais Conhecimentos

Na maioria das vezes, os vendedores precisam mais do que conhecer o produto e as técnicas de venda. Inscreva seus colaboradores em cursos de princípios gerais de negociação e procure sempre auxiliá-los na relação com os clientes. Isso fará com que eles compreendam a posição financeira do cliente e da própria empresa, entre outras coisas. Além disso, treinamentos como esse capacitam a equipe a buscar clientes em potencial com mais eficácia. O conhecimento básico do mercado também faz com que as mensagens do vendedor entrem em sintonia com atividades promocionais genéricas da empresa.

Estudo de Caso

Jonas era o novo gerente de vendas de uma equipe que tinha como regra demitir a cada mês o vendedor com pior desempenho. Alberto, o próximo da lista, disse a Jonas que até Janete, a vendedora mais graduada da equipe, não conseguiria melhorar sob tamanha pressão. Jonas notou que Alberto poderia render mais com um treinamento na própria empresa. Pediu então que Janete acompanhasse os telefonemas de Alberto, para observar e corrigir eventuais erros. Depois de algum tempo, Alberto tornou-se o melhor vendedor da empresa. Como gerente, Jonas seguiu unindo os melhores e piores funcionários, a fim de obter resultados similares. Os bons funcionários eram treinados para ensinar, e todos recebiam prêmios individuais e por equipe, de acordo com o desempenho. O time de Jonas evoluiu e venceu todos os concorrentes.

◀ **Treinamento de Equipes**
O gerente de vendas deste caso poderia ter continuado com o mesmo arcaico e contraproducente sistema de motivação de equipes adotado pela empresa. Em vez disso, preferiu ouvir as objeções e bolou um sistema mais moderno e eficiente, baseado no treinamento, na instrução e na integração dos membros da equipe.

79 Procure os especialistas que mais respeita.

CHAME OS ESPECIALISTAS

A quantidade de especialistas em treinamento de vendas é maior do que em qualquer outra área de gerenciamento. Isso acontece devido à grande demanda por treinamentos e à facilidade na aplicação das lições aprendidas. Contar com um profissional desse tipo dentro da empresa pode ser interessante –os benefícios que ele agrega compensam o alto custo. Procure também treinar seu próprio pessoal. Todos os gerentes de venda devem ser excelentes treinadores.

▼ **TREINO FORMAL**
Um especialista pode abordar temas diferentes, conforme as necessidades do grupo. É provável que o treinador seja um experiente gerente de vendas.

80 Ensine princípios de finanças a todos os vendedores, mesmo para os que nunca trabalharam nessa área.

81 Proporcione à equipe atualização em conhecimentos técnicos.

Faça Simulações

As simulações com alternâncias de papel entre comprador e vendedor servem para reconhecer e lidar com diferentes tipos de situações. Cada cliente tem uma maneira diferente de agir: alguns parecem ansiosos para comprar; outros fazem da venda uma missão quase impossível. É importante que você e sua equipe levem a simulação a sério e tentem representar da melhor maneira possível. Vale a pena reproduzir os comportamentos de alguns compradores "clássicos" (do tipo agressivo ou desconfiado, por exemplo). Simular a negociação com os clientes prepara a equipe para os reais desafios da vida profissional.

82 Analise a equipe e dê treinamento para aqueles que precisam.

83 Para obter bons resultados, faça simulações realistas.

▲ TROCA DE PAPÉIS

Representar diferentes situações de venda é um treinamento agradável. Estimule a equipe a explorar a variedade de respostas do cliente, trocando os papéis de cada um.

Papel do Supervisor

Você não pode ensinar as técnicas de venda dentro de uma sala de aula. O supervisor precisa acompanhar o vendedor no calor da ação, evitando, porém, influir na venda. O gerente de vendas deve atribuir à tarefa de supervisão a mesma importância de qualquer outra de suas atividades. Na verdade, a prática dessa habilidade fará com que as outras também melhorem: o supervisor versátil sabe concentrar-se em cada habilidade, e não deixa a supervisão da equipe influir em sua própria organização.

84 **Deixe as glórias para o vendedor e você acabará sendo reconhecido.**

▼ ATENÇÃO NA EQUIPE
Monitore seus vendedores com frequência. Dê seu parecer a eles a fim de evitar o desenvolvimento de maus hábitos.

Lembre-se

- Simulações de diferentes situações de venda podem ser parte do treinamento.
- Resista à tentação de interferir num treinamento de venda.
- Os defeitos dos estagiários não devem ser duramente criticados.
- Vale a pena citar os progressos e anotar as falhas.
- Tudo o que for bem feito deve ser elogiado.

SUPERVISÃO PRODUTIVA ▶
Neste exemplo, a supervisão foi usada como parte integral no trabalho do grupo, tendo até horário definido. Incluída no planejamento do dia, a supervisão pode melhorar as habilidades e a produtividade de toda a equipe.

ESTUDO DE CASO

Jorge liderou uma operação de venda malsucedida, mesmo tendo contado com vendedores bem treinados. Ele analisou o histórico do processo e descobriu que as primeiras horas do dia, as mais produtivas para a venda, eram gastas em reuniões diárias. Percebeu também que os melhores vendedores faziam questão de se diferenciar dos demais. Jorge transferiu todos os treinamentos e reuniões para o período da tarde, e reservou as manhãs para executar um trabalho supervisionado. O gerente formou duplas com um vendedor bom e outro mais fraco, a fim de eliminar erros como o de se desculpar por tomar o tempo do cliente. "Seu produto tem valor, o cliente é que deveria agradecer", ensinou. Os resultados melhoraram de maneira incrível.

"Administre" o Telefone

As horas do dia reservadas a telefonemas a clientes devem ser aproveitadas para vender. Essas ligações são mais importantes do que fazer relatórios de visita ou gerenciar itens não ligados diretamente a uma venda. Planeje e avalie seus telefonemas.

85 Analise sempre o sucesso de seus telefonemas.

Faça a Chamada Certa

O aumento de chamadas de negócios pode ser proporcional ao crescimento das vendas, desde que se planejem os telefonemas. Suas vendas não aumentarão se você tentar vender um produto que o cliente já tem ou não deseja. No caso de contratos grandes, a equipe deve ter cuidado com a complexidade dos pedidos –o uso excessivo do telefone, aqui, pode redundar em fracasso. Pergunte sempre "Qual a quantidade de pedidos feitos por telefone?" a fim de monitorar a eficiência das ligações.

Verifique o número de ligações feitas

↓

Descubra a duração média de cada telefonema

↓

Calcule a porcentagem de ligações que acabam em vendas

↓

Calcule o valor médio de cada venda

↓

Use essas dicas para monitorar o sucesso de seus telefonemas

▲ **ESTIMATIVA**
Calcule a taxa de sucesso das ligações a fim de minimizar o tempo perdido pela equipe com telefonemas improdutivos.

FOCO NOS RESULTADOS ▶
O controle das ligações é importante para que a venda atinja as metas desejadas. Faça os membros da equipe controlar suas ligações. Depois, mostre-lhes os resultados.

Vendedor controla o tempo da ligação

86 Concentre-se na quantidade, e não na duração, dos telefonemas que acabam em venda.

Meça a Eficácia de sua Equipe

A quantidade de pedidos fechados por telefone varia de acordo com a equipe de venda. Vendedores ruins podem precisar de três vezes mais ligações do que os bons. Você também deve notar essas discrepâncias entre departamentos. A partir dessas observações, melhore o desempenho de alguns funcionários, ensinando-os a administrar o próprio tempo. Aumente a eficiência da equipe disseminando hábitos e métodos dos bons funcionários para os demais. Para isso, faça com que vendedores de menos sucesso observem as ligações dos mais eficientes.

Resolvendo Problemas

Tanto os gerentes como os vendedores devem controlar o tempo de suas ligações. Atividades a princípio recomendáveis, como a resolução de problemas pendentes, podem desviar o gerente da tarefa de melhorar a eficiência dos telefonemas a clientes. Uma venda problemática pode merecer uma intervenção, mas se o gerente interferir em todos os problemas, não terá tempo para mais nada. Atribua o valor devido a cada dificuldade. Trate apenas das mais sérias, e sempre considere que seu vendedor –com o auxílio adequado –é capaz de resolvê-las. Caso isso aconteça, tanto o funcionário como a empresa saem ganhando.

87 Os melhores vendedores devem ensinar os demais a usar o telefone.

88 Não interfira nem tome a frente de todo problema que surgir.

89 Permita à equipe solucionar os problemas. Fique apenas com as questões maiores.

Certo e Errado

- ✔ Analise a relação ligação-pedido.
- ✔ Observe os resultados dos bons funcionários.
- ✔ Reserve tempo para ações desvinculadas com a venda.
- ✘ Não faça ligações sem ter um objetivo claro.
- ✘ Evite rebaixar vendedores fracos.
- ✘ Não julgue que pode resolver todos os problemas.

COMO ESTABELECER PRÊMIOS E OBJETIVOS

Você pode pagar a sua equipe um salário fixo ou optar por bônus e comissões ligados a uma meta de venda. Associar o pagamento ou incentivo ao objetivo a ser atingido pode parecer difícil, mas é vital para a motivação dos vendedores.

90 **Faça pagamentos e sistemas de incentivo simples e transparentes.**

91 **Faça planos ambiciosos, mas sempre dentro do possível.**

EQUILIBRE OS PAGAMENTOS

O mais comum dos pagamentos baseados em resultados é a comissão individual, embora algumas empresas recompensem os vendedores no próprio salário. É impossível dizer quais dos dois métodos é o melhor, pois ambos apresentam desvantagens. O sistema de salário fixo não premia o esforço do vendedor; ao passo que a comissão não traz segurança por variar demais. O melhor esquema combina o salário fixo, a comissão e as recompensas por equipe.

▼ **BUSQUE O EQUILÍBRIO**
Combine salários fixos com comissões e recompensas coletivas, de modo a propiciar, ao mesmo tempo, segurança e incentivo para os bons vendedores.

Pague o salário fixo para cobrir os gastos habituais → **Adicione uma comissão para bons desempenhos** → **Complete o pagamento com incentivos coletivos**

▲ **TIPOS DE PAGAMENTO**
Incentivos por equipe oferecem uma renda extra ao vendedor. A comissão individual proporciona recursos que motivam sua boa atuação, enquanto o salário serve para pagar suas despesas fixas.

METAS E COMPENSAÇÕES

Na maioria das empresas, os vendedores são os mais sujeitos ao pagamento baseado em resultado e às metas. Por isso, o critério para fixar metas é muito importante, pois determina as comissões. Convide a equipe a ajudar na definição das metas –sejam elas comuns ou ambiciosas –criando assim um sistema lógico de remuneração. Isso garante que todos os objetivos sejam traçados dentro do possível e de acordo com a realidade do mercado. Caso haja alguma insatisfação com relação às metas, outras atitudes podem resolver o problema. Não confunda metas com previsões. A previsão é o que tende a acontecer; as metas servem para melhorar as previsões.

92 Envolva a equipe na elaboração das metas.

REVISE OS OBJETIVOS

Só ofereça recompensas excepcionais para desempenhos excepcionais. Se uma campanha de sucesso for bem recompensada, não pague outra vez por uma simples repetição desse resultado. As recompensas devem ser sempre revisadas a fim de premiar inovações e estimular o funcionário. Mudanças numerosas ou muito frequentes, porém, desestabilizam a equipe de venda e desviam a atenção do gerente. É importante estabelecer uma relação clara e racional entre os objetivos e os incentivos. Muitos esquemas adotam uma escala para prêmios individuais que prevêem um nível de “supermetas”. Essa medida, no entanto, traz alguns riscos. Um vendedor pode ficar tentado a abrir mão de vantagens para a empresa numa negociação apenas para fechar a “supervenda”.

93 Evite mudar o sistema de metas. Embora revisões sejam necessárias, as mudanças confundem e desmotivam o vendedor.

Como Recompensar Bons Desempenhos

Adote métodos simples e eficazes para monitorar o desempenho de sua equipe. Procure antecipar-se aos sucessos e fracassos e providencie uma base sólida para oferecer recompensas e incentivos.

94 Revise sempre seus esquemas de incentivo.

95 Estabeleça benefícios atrelados ao volume de vendas.

Uso de Sistemas de Incentivo

Algumas empresas vêm trocando comissões e bônus tradicionais por esquemas de incentivo que variam de cruzeiros ao Caribe a fins-de-semana em hotéis de luxo –prêmios destinados aos membros do seleto "clube das supervendas". Esses esquemas são altamente motivantes, mas devem ser vistos como acessórios, uma vez que não substituem a organização, o treinamento, a supervisão e o gerenciamento das vendas.

Monitore o Sucesso

O monitoramento do desempenho nas vendas é essencial para o sucesso. No papel de gerente de vendas você é responsável por essa supervisão. É preciso estar atento a todos os indícios de sucesso, como posição no mercado ou lucros obtidos, e não somente ao volume de vendas. O objetivo geral de um processo de venda consiste em atingir o rendimento e o lucro desejados, além de reforçar a posição da empresa no mercado. Graças aos computadores, tais objetivos podem ser monitorados com mais freqüência e eficiência. Ao identificar diferenças entre sua atuação e seus objetivos, implemente ações corretivas.

Analise o Desempenho

Para maximizar os lucros e ganhar competitividade, fique atento a estes fatores:

- Preços satisfatórios;
- Grande margem de lucro;
- Boa atuação no mercado;
- Custos de venda como parte da renda da empresa;
- Alto número de vendas bem-sucedidas na equipe.

EVITE INJUSTIÇAS

Os resultados do trabalho de um vendedor são visíveis e mensuráveis e podem indicar demaneira imediata seus sucessos, mas podem também induzir a algumas falhas. Algumas empresas demitem aqueles que não atingem sua cota automaticamente. Outras dispensam aqueles que, por infelicidade, ficam por último na lista de vendas. O objetivo dessas demissões é motivar os funcionários, mas na verdade têm efeito contrário. A política é vista como injusta, abalando o respeito à empresa. Procure manter o objetivo de melhorar os resultados da equipe, ajudando os mais fracos.

96 Trate sua equipe de venda como um time de potencial ilimitado.

97 Elogie em público os vendedores que obtêm resultados excelentes, tanto individuais como coletivos.

RECOMPENSE O SUCESSO

O mau desempenho em vendas quase sempre vem acompanhado da privação de prêmios. Avalie o desempenho da equipe pela satisfação do cliente e também pelo volume de vendas. Recompensas financeiras e incentivos são motivantes, mas não os únicos responsáveis pelo sucesso. As pessoas devem sentir, sobretudo, que suas realizações foram reconhecidas. Diga o quanto aprecia os esforços da equipe, e faça uma referência especial aos melhores vendedores.

ENCARE O FRACASSO

Muitas vezes, os sucessos se alternam com os fracassos. Ambos necessitam de uma análise cuidadosa. Lembre-se de que o fracasso pode ocorrer basicamente por três causas:

- O cliente não tinha o perfil da compra;
- O cliente era certo, mas o produto, ou serviço, errado;
- O vendedor não soube conduzir a venda.

Sanções contra quem fracassa obviamente só fazem sentido no terceiro caso. Ainda assim, resta saber o real motivo para o insucesso da venda.

PERGUNTE-SE

P O fracasso derivou da falta de técnicas de venda?

P Foi devido à falta de conhecimento do produto?

P O cliente tinha conhecimento suficiente?

P Pode ter existido alguma influência de problemas pessoais?

P O funcionário é totalmente inadequado para as vendas?

Eleve o Moral da Equipe

Reuniões, conferências e seminários são importantes para reforçar o espírito de equipe, celebrar o sucesso, relatar progressos, relacionar-se com clientes e fazer planos –principalmente se a equipe lhe der retornos sobre tudo o que acontece.

98 Reavalie e melhore a conferência anual: incorpore novas lições.

99 Estabeleça um diálogo entre você e sua equipe.

100 Faça da equipe uma realidade, e não um conceito sem sentido.

Clima Favorável

O clima de uma reunião de equipe é diretamente afetado pelos negócios mais recentes, sejam eles bons ou ruins. No caso de um clima negativo, não faça da reunião um castigo. Críticas construtivas e análises objetivas sobre as causas do fracasso podem motivar os vendedores e estimular o desejo de melhorar. No entanto, não deixe de usar o reconhecimento e as recompensas como estímulo. Enfatize o futuro, elevando assim o moral dos funcionários. Faça com que eles se sintam parte de uma equipe que, apesar dos contratempos, acabará vencedora.

Estudo de Caso

Anna, encarregada de operações de vendas nos Estados Unidos, recebia regularmente mensagens do escritório central, na Inglaterra, que a repreendia por não atingir suas metas trimestrais. Ao tentar cortar algumas metas, a pressão aumentou. Anna reuniu-se com sua equipe para encontrar uma solução. Foi decidido aumentar o número de negócios por três meses: o time continuou longe das metas, e as pressões aumentaram. Anna e a equipe concluíram que avaliações trimestrais não faziam sentido numa indústria com um ciclo de vendas de três anos, e que isso estava interferindo no rendimento da equipe. Todos decidiram, então, fazer um planejamento para três anos e dividi-lo em metas anuais. O escritório central aceitou a idéia, os negócios fluíram bem e, hoje, a equipe de Anna não trabalha pressionada.

◀ **A Força das Reuniões**
Esta gerente de vendas tinha um problema que incomodava o escritório central de sua empresa. Trabalhando junto com a equipe, a líder encontrou uma solução para o problema, o que, por fim, apaziguou o escritório da matriz.

ORGANIZAÇÃO DE CONFERÊNCIAS ANUAIS

As conferências internas de venda costumam ser anuais e servem para elevar o moral e a motivação do grupo por meio de uma celebração, e não pelo desenvolvimento específico da capacidade de vendas. Pode haver convidados –um guru das técnicas de vendas ou uma personalidade vitoriosa do esporte –, mas o foco deve estar no reconhecimento dos méritos de cada um. Trata-se de uma grande oportunidade para reunir toda a equipe de vendas. Tenha em mente os objetivos profissionais da conferência e revele à equipe treinamentos e metas para o futuro. Mostre que todos estão evoluindo em direção ao sucesso.

▼ **REUNINDO A EQUIPE**

A venda é uma atividade social. Reuniões de vendedores, por sua vez, são uma ocasião social movida por propósitos profissionais e com claros objetivos.

EVENTOS PARA CLIENTES

Convencer o cliente a participar de seminários ou conferências de sua empresa é uma excelente maneira de conquistar-lhe a confiança. Quando isso acontece, a empresa tem a oportunidade de associar sua imagem a uma apresentação de qualidade sobre um tema interessante da atualidade (um seminário sobre Internet promovido por uma empresa de telecomunicações, por exemplo). Os vendedores podem integrar-se aos clientes. Escolha bem os palestrantes para que seus produtos e serviços sejam bem representados. Do contrário, a mensagem irá afastar os clientes. Após o evento, não deixe de pedir a opinião de seus convidados.

101 Use seminários e eventos de sua empresa para ganhar a confiança do cliente.

TESTE SUAS HABILIDADES

A venda é a base do sucesso empresarial nas mais diferentes áreas. Por isso, suas habilidades de vendedor devem ser sempre atualizadas por meio da prática e do aprendizado. Este questionário testa suas qualidades como vendedor e revela seus pontos fracos. Responda o teste com sinceridade: se sua resposta for "nunca", marque 1; se for "sempre", assinale 4, e assim por diante. Some os pontos e leia a Análise de Resultados (pág. 69). *Identifique as habilidades que você tem de aprimorar ou desenvolver.*

CONTAGEM

1 Nunca

2 Às vezes

3 Várias vezes

4 Sempre

1 Eu faço um plano de venda antes de me encontrar com o cliente.

1 2 3 4

2 Eu monto estratégias de venda e as aplico num plano-mestre.

1 2 3 4

3 Eu procuro adquirir novas habilidades e técnicas de venda.

1 2 3 4

4 Eu uso a tecnologia para me organizar e para modernizar minha venda.

1 2 3 4

5 Eu faço anotações sobre meus horários para melhorar o uso do tempo.

1 2 3 4

6 Eu identifico as necessidades do cliente e trabalho de acordo com elas.

1 2 3 4

7

Eu me preparo muito bem antes de uma entrevista ou reunião.

1 2 3 4

8

Eu entro em contato com uma empresa já sabendo com quem falar.

1 2 3 4

9

Eu uso pesquisas para conhecer mais sobre o cliente e sua empresa.

1 2 3 4

10

Eu conduzo as reuniões com clientes de maneira amigável, dinâmica e direta.

1 2 3 4

11

Eu conheço e utilizo as melhores técnicas de venda por telefone.

1 2 3 4

12

Eu presto muito atenção em minhas cartas e tento melhorar minha redação.

1 2 3 4

13

Eu me coloco no lugar do cliente para preparar uma negociação.

1 2 3 4

14

Eu encerro apresentações de modo positivo, convidando o cliente a uma nova compra.

1 2 3 4

15

Eu peço opiniões sobre minhas apresentações a fim de aumentar minha eficácia.

1 2 3 4

16

Eu adapto minhas técnicas de venda às reações do cliente.

1 2 3 4

17 Eu digo a verdade, mesmo que ela não desagrade ao cliente.

1 2 3 4

18 Eu busco o ponto-chave da venda, que irá convencer o cliente a comprar.

1 2 3 4

19 Eu tento fazer com que a outra parte exponha seus objetivos primeiro.

1 2 3 4

20 Eu enfatizo o valor do investimento em vez do preço, nas negociações.

1 2 3 4

21 Eu fecho negócios em que ambos os lados saem satisfeitos.

1 2 3 4

22 Eu tento antecipar qualquer objeção que o cliente possa ter.

1 2 3 4

23 Eu respondo de imediato a perguntas e reclamações do cliente.

1 2 3 4

24 Eu sempre verifico a satisfação de meus clientes com a compra.

1 2 3 4

25 Eu procuro manter os outros vendedores livres de restrições burocráticas.

1 2 3 4

26 Eu uso treinamentos para melhorar minhas habilidades e as dos colegas.

1 2 3 4

27 Eu procuro transferir as técnicas de bons vendedores para os mais fracos.

1 2 3 4

28 Eu deixo vendedores iniciantes conduzir uma visita a um cliente.

1 2 3 4

29 Eu reviso as metas de venda para melhorar o desempenho dos vendedores.

1 2 3 4

30 Eu interfiro em problemas de venda apenas quando necessário.

1 2 3 4

31 Eu respeito minha equipe e trato a todos como iguais.

1 2 3 4

32 Eu faço tudo o que posso para recompensar um bom trabalho.

1 2 3 4

ANÁLISE DE RESULTADOS

Agora que você completou a auto-avaliação, some os pontos e verifique seu desempenho. Leia a avaliação correspondente a sua pontuação e lembre-se: sempre há espaço para o aprimoramento pessoal.

32–63: Suas habilidades e práticas de venda estão fracas e, possivelmente, vêm colocando seu emprego em risco. Procure aprender com as lições deste livro, e coloque-as em prática em seu trabalho.

64–95: Você possui habilidades consideráveis e deve ter um bom desempenho no trabalho, embora ainda não atingido seu ápice. Procure trabalhar sobre suas áreas mais fracas de acordo com esta auto-avaliação, e continue se desenvolvendo até atingir um novo estágio profissional.

96–128: Você é um vendedor capacitado e eficiente. Continue trabalhando e melhorando suas habilidades para continuar no topo.

ÍNDICE

AGRADECIMENTOS

AGRADECIMENTOS DO AUTOR

A produção deste livro deve-se em grande parte a Stephanie Jackson e Nigel Duffield da Dorling Kindersley, assim como à experiência e ao entusiasmo de Jane Simmonds e de toda a equipe editorial e gráfica que trabalhou no projeto. O autor Robert Heller agradece ainda a seus amigos e a todos os que colaboraram com suas informações e seus conhecimentos.

AGRADECIMENTOS DA DORLING KINDERSLEY

A Dorling Kindersley agradece às seguintes pessoas pela colaboração na produção deste livro:

Editorial Alison Bolus, Michael Downey, Nicola Munro, Jane Simmonds, Sylvia Tombesi-Walton; **Índice** Hilary Bird; **Diagramação** Pauline Clarke, Amie Hanson, Tish Mills, Nigel Morris, Laura Watson;

Assistente de DTP Rob Campbell;

Fotografia Steve Gorton; **Assistentes de fotografia** Nici Harper, Andy Komorowski.

Modelos das fotos Jane Cooke, Felicity Crow, Miles Elliot, John Gillard, Ben Glickman, Richard Hill, Cornell John, Chantell Newell, Mutsumi Niwa, Mary Jane Robinson, Kiran Shah, Suki Tan, Peter Taylor, Gilbert Wu;

Maquiagem Debbie Finlow, Janice Tee.

Agradecimentos Especiais

Austin Reed, Bally, Church & Co., Clark Davis & Co. Ltd, Compaq, David Clulow Opticians, Elonex, Escada, Filofax, Gateway 2000, Geiger Brickel, Jones Bootmakers, Moss Bros, Mucci Bags, Staverton. Tony Ash e Geiger Brickel, pelo fornecimento de material de escritório e mobília; e Carron Williams, da Bally, pelo empréstimo de calçados.

Pesquisa Iconográfica Andy Sansom; **Assistentes de bancos de imagens** Sue Hadley, Rachel Hilford, Denise O'Brien, Melanie Simmonds.

CRÉDITOS DE FOTOS

Legenda: *i* inferior, *c* centro, *e* esquerda, *d* direita, *s* superior

Powerstock/Zefa 31, 65; **The Stockmarket** Jon Feingersh 45;
Telegraph Colour Library 20; **Tony Stone Images** Stewart Cohen 12, Peter Correz 19.

H419c

Heller, Robert

Como aprimorar as vendas / Robert Heller. – 2. ed. – São Paulo : Publifolha, 2001. – (Série sucesso profissional – seu guia de estratégia pessoal)

ISBN 85-7402-169-5 Publifolha

1. Vendas. 2. Comportamento organizacional. I. Título. II. Série.

CDD 658.4
CDU 658.3